문성실의
마이 베스트
레시피

상상출판

PROLOGUE

이 책은 문성실 요리책이 아닌 여러분의 책입니다

2004년 6월 22일은 제가 블로그를 처음 시작한 날입니다. 그때부터 지금까지 벌써 12년이 넘는 시간이 흘렀네요. 1만 시간의 법칙처럼 단순히 요리를 좋아했던 저는 이제 10년 넘는 시간을 한결같이 요리하고, 공부도 하면서 블로그에 꾸준히 올리다 보니 어느새 전문가 소리도 듣게 되었습니다. 그렇게 블로그에 2000개가 넘는 레시피를 올렸건만, 늘 제가 집에서 해 먹는 음식들은 그 음식이 그 음식이더군요(요리연구가라고 다르지 않네요?). 항상 어려서부터 먹었던 친근한 음식, 뒤돌아서면 또 생각나는 음식, 마트에 가면 손쉽게 장바구니에 넣을 수 있는 식재료, 늘 가족에게 반응이 좋았던 메뉴를 항상 식탁에 올리고 있었습니다.

책 제목처럼 문성실의 마이 베스트 레시피는 제가 평소 가장 많이 해서 먹는 음식, 최고의 레시피라고 생각한 105가지 메뉴를 담았습니다. 쉽고 간단해서 과정 사진과 레시피만 봐도 손쉽게 만들 수 있지만, 혹시라도 요리를 두려워하는 초보자가 있다면 감을 익혀 보시라고 모든 요리의 동영상도 함께 보실 수 있도록 구성하였습니다.

이 책을 기획하고 메뉴를 정하면서 저의 원칙은 한국 사람이 가장 많이 해서 먹을 만한 요리, 재료별로 가장 맛있게 해서 먹을 수 있는 메뉴가 주가 되어야 한다고 생각했습니다. 무던히도 더웠던 지난여름, 요리를 하면서 동영상 촬영을 하고 또 그렇게 만든 요리들을 스태프들과 함께 맛보면서 제가 만든 레시피를 철저히 검증도 해보는 뜻깊은 시간이었답니다. 그렇게 촬영한 동영상은 제가 다시 레시피 원고와 대조하면서 하나하나 편집을 직접 한 것이랍니다. 기계치고 아날로그적 사고방식에 익숙한 제가 직접 공부하면서 동영상 편집을 하기 위해 보낸 시간은 정말 산고의 고통을 다시 느끼게 해주었습니다.

여덟 번째, 이번 요리책이 가장 고통스러운 창작의 작업이 아니었나 싶은 생각이 들었습니다. 그럼에도 불구하고 느껴지는 아쉬움은 제 블로그를 통해 점점 더 발전된 모습으로 거듭나겠습니다.

이 책은 문성실 요리책이 아닌 여러분의 책입니다. 제가 그동안 냈던 요리책은 저의 레시피를 많이 담고 보여주는 것이 목적이었습니다. 이 책에 문성실이 제안하는 레시피를 담았다고 하더라도 요리마다 있는 메모칸에 여러분만의 팁이나 노하우를 적어 보십시오. 사진을 찍어서 붙여도 좋습니다. 그렇게 다시 만들어진 요리책은 저의 마이 레시피가 아닌, 여러분 이름을 넣은 ○○○의 마이 베스트 레시피 책이 될 것입니다. 여러분이 갖고 있는 예쁜 스티커에 이름을 꾹꾹 눌러 적어 여러분의 요리책으로 만들어 보면 어떨까요? 그렇게 다시 정리한 책을 자취하는 아들, 딸들에게 그리고 시집가는 딸의 가슴에 안겨 주어도 좋을 것 같습니다. 그런 모습을 상상하면서 저는 이 책을 만들었습니다.

이 책과 함께하는 독자 여러분, 언제나 맛있게 행복하시길 바랍니다. 저는 맛있는 음식이 주는 행복과 건강을 항상 감사하게 생각하면서 더 맛있고 편안한 요리를 연구하며 행복하고 즐겁게 살겠습니다. 제가 지난 12년을 하루도 빠짐없이 머물렀던 제 블로그 '문성실의 이야기가 있는 밥상'을 앞으로도 꿋꿋하게 지키면서요.

문성실

CONTENTS

- 002 Prologue

Cooking Note

- 010 쉬운 요리 전도사, 마법의 밥숟가락 계량법
- 011 꼭 준비하세요, 마트에서 늘 살 수 있는 기본양념
- 015 문성실의 추천 식재료

책 속 부록

Special Page Ⅰ 장보기 재료 모음집

Special Page Ⅱ 한눈에 보는 요리 동영상 QR 코드

Chapter 01 반찬

018 RECIPE 01 가지 양념구이

020 RECIPE 02 감자볶음

022 RECIPE 03 감자 옥수수 샐러드

024 RECIPE 04 감자조림

026 RECIPE 05 강된장

028 RECIPE 06 고등어조림

030 RECIPE 07 고추 참치쌈장과 양배추찜

032 RECIPE 08 골뱅이무침

034 RECIPE 09 김무침

036 RECIPE 10 깍두기

038 RECIPE 11 깻잎찜

040 RECIPE 12 닭 가슴살 오이냉채

042 RECIPE 13 닭고기 통마늘조림

044 RECIPE 14 닭조림과 부추무침

046 RECIPE 15 대파 마요네즈 달걀말이

048 RECIPE 16 도토리묵무침

050 RECIPE 17 돼지고기 저수분 수육

052 RECIPE 18 돼지고기 장조림

054 RECIPE 19 두부 동그랑땡

056 RECIPE 20 두부조림

058 RECIPE 21 뚝배기 달걀찜

060 RECIPE 22 마늘종무침

062 RECIPE 23 맛살 양파냉채

064 RECIPE 24 미나리 버섯부침개

066 RECIPE 25 무생채

068 RECIPE 26 무 오이피클

070 RECIPE 27 배추무침

072 RECIPE 28 배추볶음

074 RECIPE 29 부추 부침개

076 RECIPE 30 브로콜리볶음

078 RECIPE 31 브로콜리 아몬드 샐러드

080 RECIPE 32 상추 겉절이

082 RECIPE 33 새송이버섯 양념구이

084 RECIPE 34 새송이버섯초무침

086 RECIPE 35 생선구이

088 RECIPE 36
셀러리 장아찌

090 RECIPE 37
쇠고기 불고기

092 RECIPE 38
숙주 베이컨볶음

094 RECIPE 39
시금치무침

096 RECIPE 40
시금치 새우볶음

098 RECIPE 41
애호박 새우젓볶음

100 RECIPE 42
약고추장

102 RECIPE 43
어묵 버섯잡채

104 RECIPE 44
어묵조림

106 RECIPE 45
연근전

108 RECIPE 46
오이고추 된장무침

110 RECIPE 47
오이무침

112 RECIPE 48
오이볶음

114 RECIPE 49
오이 부추김치

116 RECIPE 50
오징어볶음

118 RECIPE 51
오징어채볶음

120 RECIPE 52
오징어채전

122 RECIPE 53
일식집 무조림

124 RECIPE 54
잔멸치 견과류볶음

126 RECIPE 55
제육볶음

128 RECIPE 56
콩나물무침 두 가지

132 RECIPE 57
팽이버섯전

134 RECIPE 58
푸딩 달걀찜

136 RECIPE 59
풋고추 어묵전

138 RECIPE 60
황태채볶음

Chapter 02 국물 요리

142 RECIPE 01
김치찌개

144 RECIPE 02
단호박 된장찌개

146 RECIPE 03
달걀국

148 RECIPE 04
두부 애호박찌개

150 RECIPE 05
문성실표 미역국

152 RECIPE 06
문성실표 어묵탕

154 RECIPE 07
쇠고기 매운탕

156 RECIPE 08
쇠고기 뭇국

158 RECIPE 09
오징어 섞어찌개

160 RECIPE 10
참치 두부찌개

Chapter 03 일품요리

162 RECIPE 11 캠핑 고추장찌개

164 RECIPE 12 콩나물 황태 해장국

166 RECIPE 13 해물 순두부찌개

170 RECIPE 01 감자 양송이 수프

172 RECIPE 02 국물떡볶이

174 RECIPE 03 김치밥

176 RECIPE 04 김치 비빔국수

178 RECIPE 05 깍두기볶음밥

180 RECIPE 06 단무지무침 꼬마김밥

182 RECIPE 07 달걀 베이컨 토스트

184 RECIPE 08 달걀 새우젓죽

186 RECIPE 09 닭갈비

188 RECIPE 10 닭볶음탕

190 RECIPE 11 닭불고기

192 RECIPE 12 대파 달걀볶음밥

194 RECIPE 13 데리야키 소스 닭고기덮밥

196 RECIPE 14 돼지고기 두부덮밥

198 RECIPE 15 돼지 함박스테이크

200 RECIPE 16 라이스페이퍼 만두

202 RECIPE 17 마약김밥

204 RECIPE 18 명란파스타

206 RECIPE 19 버섯 달걀덮밥

208 RECIPE 20 버섯볶음덮밥

210 RECIPE 21 베이컨 양배추덮밥

212 RECIPE 22 볶음잡채

214 RECIPE 23 안동찜닭

216 RECIPE 24 연어 무쌈말이

218 RECIPE 25 오므라이스

220 RECIPE 26 잔치국수

222 RECIPE 27 참치 마요덮밥

224 RECIPE 28 칼국수

226 RECIPE 29 크래미 맛살 유부초밥

228 RECIPE 30 크림소스 파스타

230 RECIPE 31 토마토소스 국물 파스타

232 RECIPE 32 토마토 치킨 카레

마트에 가면 늘 볼 수 있는 친근한 식재료로 음식을 만들죠?
하지만 같은 재료로 요리를 해도 사람 얼굴만큼이나 각기
다른 맛이 나오니 참 신기해요. 심지어 같은 재료와 양념으로
만들어도 요리하는 사람에 따라 다른 음식이 만들어지죠.
그런데 요리 초보자들은 어떤 공식과도 같은 법칙이나 기준을
중요시하더라고요. 그걸 지켜야 비로소 요리다운 요리가 된다고
생각하나 봐요. 네, 맞아요. 그럼에도 불구하고 요리를 할 때
두려움은 금물! 하나하나 도전해 보고 맛이 난다면 용기백배!
요리가 점점 더 즐거워질 거예요. 집밥 해 먹고 살기 더 힘들어지는 요즘,
요즘 식재료로 요즘 사람들의 입맛에 맞춘 건강한 음식을 만들기 전에
기억해 두어야 할 몇 가지 쿠킹 팁을 소개할게요.

COOKING NOTE

쉬운 요리 전도사
마법의 밥숟가락 계량법

이 책은 집에 늘 있는 친근한 밥숟가락으로 계량했어요. 또 주재료의 양은 어느 정도 맛의 근사치에 이를 수 있도록 정확성을 위해 저울을 사용했어요. 계량컵은 종이컵 대신 하나 장만하면 오랜 기간 요긴하게 사용할 수 있는 스테인리스 계량컵으로 사용했어요.

가루 재료 계량하기
소금, 설탕, 고춧가루, 후춧가루, 통깨 등

 1은 수북하게 담아 윗면을 살짝 깎아낸 분량

 0.5는 밥숟가락 절반 정도 담긴 양

 0.3은 밥숟가락에 1/3 정도 담긴 양

액체 재료 계량하기
간장, 식초, 청주, 맛술, 참기름 등

 1은 밥숟가락 가득 볼록하게 담긴 양

 0.5는 밥숟가락 절반 정도의 양

 0.3은 밥숟가락에 1/3 정도 담긴 양

장류 계량하기
된장, 고추장, 청국장 등

 1은 숟가락에 가득 볼록하게 담긴 양

 0.5는 밥숟가락 절반 정도의 양

 0.3은 밥숟가락에 1/3 정도 담긴 양

향신채 계량하기
다진 파, 다진 마늘 등

 1은 밥숟가락 가득, 수북하게 담긴 양

 0.5는 밥숟가락 절반 정도의 양

 0.3은 밥숟가락에 1/3 정도 담긴 양

계량컵으로 계량하기

 계량컵의 1컵은 200㎖로 종이컵과 거의 비슷해요. 계량컵으로 계량할 때는 기울기가 없는 평평한 곳에 가장자리가 넘치지 않을 정도로 담아요.

손으로 계량하기

 멸치 1줌은 한 손으로 크게 쥐었을 때의 양

 쪽파 1줌은 한 손으로 가볍게 쥐었을 때의 양으로 식재료에 따라 무게는 다름

 면 1인분은 국수나 스파게티 등의 면을 엄지와 검지로 동그라미를 만들어 살짝 쥔 정도의 분량

저울로 계량하기

가정에서도 주방저울을 두고 사용하면 편해요. 레시피를 따라 할 때나 제과제빵 등을 할 때는 정확한 계량이 중요하거든요. 일반 요리도 눈짐작보다는 저울로 계량하면 더 정확하게 레시피대로 요리할 수 있어요.

- 주재료는 꼭 들어가야 하는 재료
- 1.5는 한 숟가락+반 숟가락
- 약간은 엄지와 검지로 소금이나 후춧가루를 집을 수 있는 정도의 소량, 약간이라 표기되어 있어도 입맛에 맞게 간을 조절하세요
- 모든 재료는 입맛에 맞게 비슷한 식재료로 대체해서 요리하세요

꼭 준비하세요
마트에서 늘 살 수 있는 기본양념

집집마다 장맛과 김치 맛이 다르듯 같은 재료와 레시피로 요리를 만들더라도 맛은 미묘하게 차이가 나기 마련이에요. 맛의 차이를 조금이라도 줄이려면 가능하면 같은 양념을 사용해야 하는데요. 이 요리책에서 사용한 기본양념을 소개할게요. 서너 가지를 제외하면 마트에서 늘 살 수 있어요.
그러나 같은 시판 제품이라 해도 제조사마다 맛이 달라 같은 레시피로 요리를 해도 맛은 미묘하게 차이가 나요. 예를 들어 고추장 맛도 식품회사마다 맛이 다르거든요. 이 요리책에서 소개한 레시피와 최대한 비슷한 맛을 내고 싶다면 제가 쓰는 양념으로 요리하시면 돼요.

맛의 기본, 소금

기본양념 중 가장 중요한 재료는 소금이라고 생각해요. 제가 사용하는 소금은 굵은소금, 구운 소금, 허브맛 소금 3가지예요. 모두 천일염인 굵은소금으로 만들고 꽃소금은 쓰지 않아요.

❶ — 굵은소금
천일염, 호렴 또는 왕소금 등 여러 이름으로 불리는 굵은소금. 소금은 오래 묵을수록 맛이 깊어지는데, 천일염은 해남 함초 천일염을 포대로 구입해서 간수를 빼서 사용해요. 배추를 절일 때, 생선에 간을 할 때, 조개를 해감할 때나 해산물을 씻을 때, 해산물이나 채소를 데칠 때, 파스타를 삶을 때 등 천일염의 활약은 대단하죠. 때로는 국의 마무리 간을 할 때도 굵은소금을 넣어요.

❷ — 구운 소금
구운 소금은 볶음 요리나 반찬을 만들 때 주로 사용해요. 구운 소금이란 정제된 소금을 높은 온도에서 구운 것이에요. 요즘 시판되는 소금들이 많으니 입맛에 맞는 구운 소금을 구입해서 드세요.

❸ — 허브맛 소금
후춧가루와 허브를 섞은 소금으로 고기나 생선 밑간을 할 때, 구운 고기를 찍어 먹을 때, 구운 채소를 양념할 때 유용해요. 시중에 판매되는 것 중 입맛에 맞는 것을 구입해 드세요.
허브맛 소금은 집에서도 만들 수 있어요. 먼저 기름을 두르지 않은 팬에 천일염을 넣어 약한 불에 볶다가 색이 점점 누리끼리해지면서 촉촉하던 소금이 바슬바슬해질 때까지 약한 불에 볶음주걱으로 계속 저어가며 볶아 믹서에 넣어 곱게 갈아요. 그런 다음 통후추, 큼직하게 다진 마른 고추와 고추씨, 로즈메리나 바질, 파슬리 등의 드라이 허브를 넣어 믹서에 갈면 허브맛 소금이 완성돼요.

깊은 맛을 내는 장류

우리 음식을 만드는 데 참 중요하고 꼭 필요한 양념은 바로 간장, 고추장, 된장 등의 장류예요. 직접 장을 담가 먹지는 못하고 사서 먹지만, 입맛에 맞는 시판되는 장으로 맛있는 요리를 만들어요.

❶ — 간장
이 책에서는 국간장을 사용하지 않고 일반 양조간장만 사용했어요. 책에 표기된 간장은 일반 간장(=양조간장, 진간장)을 말하는데, 국간장과 달리 단맛이 많이 나서 주로 반찬을 만들 때 조림이나 볶음, 무침 등에 사용해요. 제가 즐겨 쓰는 간장은 샘표 501 양조간장이에요. 오랫동안 쭉 먹어온, 익숙하면서 깊은 맛이 나는 간장입니다.

Tip 간장 공식
간장=진간장=양조간장=왜간장=시판 간장 ▶ 무침이나 조림에 사용

국간장=청장=집간장=조선간장=집에서 만든 간장 ▶ 국물 요리, 나물볶음 등에 사용

❷ — 고추장
매운맛의 감칠맛을 좋아하는 한국인에게 없어서는 안 될 양념은 바로 고추장이죠. 갖가지 매콤한 볶음 요리나 떡볶이를 만들 때 꼭 필요해요. 시판되는 고추장은 원료에 따라 맛이 다양하고, 매운맛도 여러 단계로 구분되어 입맛에 따라 고를 수 있는데요. 제가 즐겨 쓰는 시판 고추장은 맛있게 매운 해찬들 태양초 고추장이에요. 이름 그대로 맛있게 매운 감칠맛이 나고 뒷맛도 깔끔해요. 또 선명하고 붉은 빛깔이 나서 요리를 더 맛있게 보이게 해요.

❸ — 된장
된장은 시판 된장이지만 집된장처럼 구수하고 깊은 맛으로 음식의 맛을 살려주는 샘표 시골집 토장이나 샘표 백일된장을 사용해요. 시판 된장 특유의 달큰한 맛이 나지 않고 묵은 집된장처럼 너무 짜고 자극적이지도 않아 입맛에 잘 맞더라고요. 또 텁텁하지 않은, 발효 숙성된 깊은 맛이 된장의 맛을 제대로 느낄 수 있어요.

단맛을 내는 양념

예전에는 주로 설탕으로만 단맛을 내곤 했는데 요즘은 단맛을 내는 양념이 매우 다양해졌어요. 요리에 따라 단맛을 내는 양념을 달리 쓰면 더 맛있고 건강한 요리를 만들 수 있어요.

❶ ─── 설탕
음식의 색깔에 따라 흰설탕, 갈색 설탕, 흑설탕을 나눠 사용해요. 설탕 대신 단맛을 내는 다른 대체 양념인 꿀이나 아가베시럽, 물엿, 올리고당 등을 사용하기도 하고요.

❷ ─── 올리고당
단맛을 내는 양념으로 이 책에서는 올리고당을 사용했어요. 올리고당은 다른 당류에 비해 칼로리와 혈당수치가 낮지만, 당도가 높은 편이라 요리에 활용하기 적합해요. 단, 윤기를 내야 하는 경우 설탕이나 물엿처럼 조려지면서 윤기를 내지 못하기 때문에 다 조린 다음 마지막에 넣어 버무리면 그나마 윤기를 낼 수 있답니다. 올리고당은 고온에서 요리하면 단맛이 사라지므로 무침 등에 주로 사용하거나 요리 마지막 단계에 넣으면 좋아요.

깊고 풍부한 맛을 내는 젓갈

새우젓, 초피액젓, 참치진국은 떨어지지 않게 주의하죠. 초피액젓은 초피를 넣어 발효시킨 멸치젓을 말하는데, 멸치액젓 특유의 비린 맛이 없고 감칠맛이 뛰어나요. 참치진국은 양조간장에 훈연참치의 진액, 표고버섯, 다시마 등 갖가지 감칠맛이 나는 재료를 넣어 만든 맛간장이에요.

❶ ─── 새우젓
김치를 담글 때 까나리액젓과 함께 섞어서 사용하기도 하고, 달걀찜이나 애호박을 이용한 요리, 명란젓이나 알을 이용한 요리, 또 순댓국 등의 요리에 적절히 사용해요. 돼지고기와도 궁합이 잘 맞아 돼지고기 양념장으로도 사용해요. 새우젓은 냉동실에 보관하는데, 새우젓의 염분 때문에 얼지 않고 색깔이 변색 되는 것을 막을 수 있어요. 제가 쓰는 새우젓은 착한 새우젓으로 입소문이 난 해가촌 새우젓이에요.

❷ ─── 초피액젓
경북 팔공산 자락에서 장독에 숙성시킨 초피액젓은 국의 간을 맞출 때나 나물 요리, 무침 요리에 넣으면 좋아요. 연근 샐러드의 드레싱으로 사용해도 맛있어요. 장독에 남해산 멸치와 간수를 뺀 천일염에 초피를 넣어 1년 이상 숙성시킨 멸치액젓이에요. 초피를 넣어 멸치액젓 특유의 비린맛이나 향이 나지 않고 감칠맛이 뛰어나요. 초피액젓 대신 까나리액젓을 사용해도 되는데, 까나리액젓의 비린 맛이 싫다면 초피액젓을 사용하면 좋아요.

❸ ─── 참치진국
참치진국은 국물 요리나 조림, 무침 등의 요리에 두루 활용할 수 있어요. 일본 음식에 주로 사용하는 츠유 또는 일반 간장을 대신할 수 있는 참치 맛이 나는 간장이에요. 훈연참치의 진액에 표고버섯이나 다시마 등의 재료를 넣어 농축시킨 액이라 감칠맛이 나요. 이 책에서는 미역국과 여러 가지 요리 등에 굴 소스를 대신해 사용했어요. 참치진국은 일반 간장 대신 맛간장처럼 사용하면 좋아요.

❹ ─── 참치한스푼
참치 맛의 국간장, 참치 맛의 조선간장이라고 보면 돼요. 참치의 순살을 천일염으로 소스 한 병에 녹여낸 프리미엄 참치 소스예요. 따로 육수를 내지 않고도 육수의 깊은 맛을 낼 수 있어요. 느끼함 없이 깔끔한 맛이 나서 시간이 없을 때 자주 사용해요. 보통 액젓 하면 비리다고 생각하는 분들이 많은데, 이건 전혀 비리거나 역하지 않아요. 이 책에서는 달걀국에 사용했는데, 모든 국물 요리의 간을 맞출 때 사용하면 좋아요.

맛의 조연, 오일

오일은 크게 4~5가지로 나눠 사용해요. 대부분의 볶음, 튀김, 부침 요리에는 식용유에 해당되는 포도씨오일을 사용하고, 소스나 샐러드 드레싱에는 올리브오일을, 매운맛을 더해 볶을 때는 고추기름, 한식의 맛을 더하는 들기름과 참기름을 사용해요.

❶ ─── 올리브오일
맛과 향이 뛰어난 100% 엑스트라 버진 올리브오일을 주로 사용해요. 샐러드 드레싱이나 소스 등 가열하지 않고 먹는 요리나 파스타에 주로 사용해요. 올리브오일은 발연점이 낮아 튀김에는 적당하지 않으니 기억해 두세요.

❷ ─── 포도씨오일
노화 방지에 탁월한 비타민 E가 풍부하고 향이 강하지 않은 포도씨오일은 한식에도 잘 어울리고 튀김에도 적당하여 가장 많이 사용하는 오일이에요. 튀김, 볶음, 조림 요리 등에 주로 사용해요.

❸ ── 고추기름
중국 요리에 주로 사용하는 오일로 '라유'라고 불러요. 끓는 식용유에 고춧가루와 향신채를 넣고 볶아 체에 걸러 만들어 사용하기도 하지만 번거로울 때는 시판되는 고추기름을 이용하기도 해요. 매콤한 중국식 볶음 요리나 순두부찌개, 육개장 등을 만들 때 사용하면 칼칼하고 개운한 매운맛을 내요. 고추기름은 사용 후 냉장고에 넣어 보관해요.

❹ ── 참기름
나물, 생채 요리에 사용해요. 가열하면 향이 약해지기 때문에 요리의 마지막에 넣어 고소함을 살리세요. 참기름은 빛이 닿지 않는 색이 진한 병에 담아 서늘하고 어두운 곳에서 보관해요.

❺ ── 들기름
오메가-3 지방산이 많이 함유되어 있는 들기름은 섬유질이 강한 나물을 볶거나 무칠 때 넣으면 섬유질을 부드럽게 하며 독특한 향으로 나물의 맛과 향을 더욱 살려요. 또 들기름에 두부를 부치면 맛이 더 좋아요. 들기름은 변질되기 쉬우니 사용한 후 반드시 냉장고에 넣어 보관하며 천연 항산화제인 참기름을 20% 정도 섞어 두면 조금 더 오래 보관할 수 있어요.

쉬운 요리 도우미, 소스

식습관이 서구화되고 1인 가구가 늘고 가정식이 점점 다양해지면서 집 양념장에도 낯선 식재료들이 하나둘 늘어가요. 특히 다양한 소스를 쉽게 구할 수 있게 되면서 점점 더 다양한 요리를 만들 수 있게 됐어요.

❶ ── 굴소스
굴 추출물로 만든 소스로 중국 요리에 가장 많이 사용하는 소스예요. 생굴을 소금에 발효해서 걸쭉한 상태로 만든 소스로 굴 특유의 향미가 있어 간장 대신 감칠맛 나는 양념으로 주로 사용해요. 주로 볶음 요리나 볶음밥 등에 넣는데 별다른 양념을 첨가하지 않아도 쉽게 맛을 낼 수 있어요. 다만 간장보다는 맛이 짜고 강하기 때문에 양을 조금만 넣으세요. 최근에는 MSG가 들어가지 않은 굴소스도 판매되고 있는데 이 책에서는 친환경 매장에서 판매하는 굴소스를 사용했어요.

❷ ── 머스터드
'양겨자'라고도 불리는 머스터드는 햄버거나 핫도그, 샌드위치 등을 만들 때나 고기 요리, 소시지에 곁들이면 느끼한 맛을 덜어줘요. 머스터드에 꿀과 마요네즈, 레몬즙을 섞으면 허니 머스터드 소스가 되는데 샐러드 드레싱으로 먹어도 돼요. 또 빵에 바르는 스프레드에 마요네즈와 함께 사용하면 색깔도 곱고 깔끔한 맛을 내요.

❸ ── 씨겨자(홀 그레인 머스터드)
겨자씨를 거칠게 부수어 식초와 향신료를 첨가해 만든 머스터드로 거친 입자가 톡톡 그대로 씹혀요. 닭고기, 쇠고기, 해산물 등을 양념에 재울 때 각종 소스나 드레싱을 만들 때 사용해요. 특히 그릴에 구운 육류 요리에 곁들여 먹으면 맛이 좋아요.

❹ ── 스파게티 소스
손쉽게 파스타를 만들 수 있는 토마토소스예요. 토마토소스를 넣어야 하는 요리에 주로 사용하고 피자 소스 대용으로 사용하기도 해요. 직접 만들어 사용하면 좋겠지만 시간이 없다면 입맛에 맞는 제품을 구입해 사용하면 돼요.

❺ ── 돈가스 소스와 스테이크 소스
돈가스나 스테이크를 먹을 때 함께 곁들이면 좋은 소스예요. 다만 그냥 먹으면 소스의 신맛과 자체 맛이 강해서 양파와 파인애플, 다른 채소들을 함께 볶아 더 맛있게 만들어 사용해요. 돈가스 소스에는 참깨를 곱게 갈아넣으면 훨씬 맛이 좋고, 스테이크 소스는 머스터드를 함께 섞어 먹기도 해요.

❻ ── 스위트 칠리소스
이름 그대로 새콤, 달콤, 매콤한 맛이 잘 어우러져 아이들이 참 좋아하는 소스예요. 육류나 해산물, 생선, 채소등 모든 재료와 두루 잘 어울려요. 닭 요리나 새우 요리에 가장 잘 어울리며 튀김 요리에 디핑 소스로 찍어 먹어도 좋고 동남아풍 소스를 만들 때도 조금 넣으면 좋아요.

기타 양념

❶ ── 식초
주로 사용하는 식초는 사과식초와 현미식초예요. 일반 요리뿐 아니라 장아찌나 피클을 담글 때도 요긴하게 이용해요.

❷ ── 청주
일반 소주에 비해 깔끔하고 쌀로 빚어서 요리 술로 사용하기에 적합해요. 고기 요리에 청주로 밑간하면 육질이 연해지고 육류 특유의 누린내도 사라져요. 생선과 해산물 요리에 사용하면 비린내를 없애고 생선을 더욱 신선하고 맛깔스럽게 해요. 청주에 편으로 썬 생강을 몇 조각 넣어 사용하면 요리에 유용하게 쓰이는 생강술을 만들 수 있어요.

❸ ── 맛술
찹쌀에 소주와 누룩을 넣어 만든 단맛이 나는 요리용 술이에요. 음식의 잡냄새를 잡아주고 감칠맛과 윤기를 더해요. 맛술에는 당분이 있기 때문에 요리할 때 설탕의 양을 조절해야 해요. 마트에서 미정, 미향, 미림 등의 이름으로 판매되는 제품을 구입하면 돼요.

❹ ── 생강즙과 생강가루
생강을 잘게 다져 즙을 짜서 사용하는 것

이 생강즙이에요. 생강즙이 없다면 시판되는 생강가루 제품을 사용하세요. 집에서 직접 만든 생강가루는 밀폐용기에 담아 냉동실에 넣어 두고 사용하면 돼요.

❺ —— 후추
후추는 고기나 생선을 재울 때 사용하면 누린내와 비린내를 없애요. 후춧가루보다는 통후추를 직접 갈아 넣어야 훨씬 맛있어요. 요즘은 마트에서도 통후추를 쉽게 구입할 수 있으니 후추갈이에 갈아 사용하세요.

❻ —— 마요네즈
블렌더에 달걀노른자 2개분, 식초 1, 설탕 0.5, 소금과 후춧가루 약간씩, 포도씨유 1/2컵(100㎖)을 조금씩 나눠 넣어가며 갈면 수제 마요네즈를 만들 수 있어요. 처음에는 농도가 묽은 듯 보이지만 냉장고에 넣어 보관하면 시판 마요네즈처럼 농도가 바뀌어요. 시판 마요네즈는 고소한 맛이 나는 마요네즈를 즐겨 먹어요.

❼ —— 토마토케첩
직접 만들어 먹으면 좋지만 시판되는 토마토케첩을 주로 사용해요. 요즘에는 일반 토마토케첩보다 맛이 비교적 순하고 채소도 많이 씹히는 오뚜기의 과일과 야채케첩을 즐겨 먹어요.

❽ —— 고추냉이와 연겨자
고추냉이는 초밥 외에 여러 요리에 넣으면 특유의 톡 쏘는 알싸한 맛으로 음식의 독특한 맛을 살려줘요. 시판 제품 중에는 고추냉이를 직접 갈아 튜브에 넣은 제품과 가루 제품이 있어요. 고추냉이는 마요네즈와 섞으면 아주 훌륭한 디핑 소스가 돼요. 일반 겨자보다 맛이 부드러운 연겨자는 대개 튜브 형태로 판매돼요. 코끝이 찡한 냉채를 만들 때 연겨자를 요긴하게 사용해요.

❾ —— 카레가루
생선을 구울 때 밀가루와 함께 섞어서 생선에 입혀 구우면 비린 맛이 덜하고 맛도 있어요. 또 볶음밥이나 채소볶음에 넣기도 해요. 저는 오뚜기의 백세카레를 사용해요.

❿ —— 발사믹 식초와 발사믹 글레이즈
발사믹 식초는 단맛이 강한 포도즙을 나무통에 넣고 숙성시킨 포도주 식초예요. 샐러드 드레싱이나 생선, 육류 요리에 주로 사용하는데, 올리브오일에 한 방울 떨어뜨려 빵에 찍어 먹어도 좋아요. 발사믹 크림은 다른 말로 '발사믹 크림', '발사믹 리덕션'이라고도 하며, 발사믹 식초를 불에 은근하게 조려 만들어요.
저는 샘표의 폰타나 모데나 발사믹식초와 폰타나 모데나 발사믹 글레이즈를 사용해요. 폰타나 모데나 발사믹식초는 발사믹의 새콤한 맛에 포도 농축액의 단맛이 어우러져 샐러드 드레싱이나 스테이크 소스 등으로 활용하면 좋고, 폰타나 모데나 발사믹 글레이즈는 걸쭉한 타입의 소스로 디저트 소스나 돈가스, 튀김 등의 소스로 사용해요.

Tip 제품 구입정보

소금
해남 함초 소금 http://www.haenamsalt.com
02-896-9468

고춧가루, 참기름, 들기름
월순네 http://www.weolsoon.co.kr
011-9403-2371

초피액젓
와촌식품 http://www.wachonfood.co.kr
053-853-6656

참치진국, 참치한스푼
대왕 http://www.idaewang.com
055-391-2111

새우젓
해가촌 새우젓 http://www.haegachon.com
032-933-3797

된장, 간장, 발사믹 식초, 발사믹 글레이즈
샘표e샵 http://shop.sempio.com

고추장
CJ온마트 http://www.cjonmart.net

❺ ❻ ❼ ❽ ❾ ❿

몸에 좋은 천연 육수

육수를 만들어 요리하면 화학조미료 없이도 맛있고 건강한 요리를 식구들에게 먹일 수 있어요. 국물 요리를 만들 때뿐만 아니라 덮밥이나 전골 요리, 조림 등에도 육수를 넣어 깊고 깔끔한 맛을 내요. 이 책에 소개한 대부분의 육수는 멸치 다시마 육수로 이것만 잘 만들어도 맛있는 요리를 많이 만들 수 있어요.

멸치 다시마 육수
국, 찌개, 전골, 탕, 죽, 조림, 국수 요리 등

재료 국물용 멸치 3줌(60마리, 약 60g), 다시마(10×10㎝) 3장, 물 10컵

만들기
냄비에 재료를 모두 넣고 센 불에서 끓여 끓어오르면 중약 불로 줄여 10분 정도 더 끓여 체에 밭쳐 용기에 담아 냉장고에 넣어 두고 사용해요.

Cooking Tip
- 끓이면서 생기는 거품은 고운체나 숟가락으로 걷어내야 보기에도 좋고 맛도 깔끔해요.
- 육수는 냉장고에 넣어 두면 일주일 정도 보관이 가능한데 오래 보관하려면 냉동실에 넣어 두세요.
- 질이 좋은 국물용 멸치를 사용하면 따로 머리와 내장을 제거하지 않아도 돼요.
- 더 맑고 구수한 멸치 육수를 만들려면 기름을 두르지 않은 마른 팬에 멸치를 볶아 수분을 날려 사용해요.
- 멸치 육수에 마지막으로 청주나 소주를 약간 넣으면 비린 맛이 훨씬 덜해요.
- 무 1토막이나 마른 표고버섯 1~2개를 더하면 감칠맛이 나는 육수를 만들 수 있어요.
- 마른 고추나 청양고추를 더해 끓이면 매콤하고 칼칼한 육수를 만들 수 있어요.
- 다시마는 건져 채 썰어 요리에 더해도 좋아요.

문성실의
추천 식재료

제가 사용하는 식재료 중 몇 가지는 온라인 쇼핑으로 구입하고 있어요. 요즘은 워낙 온라인 쇼핑이 편하고 문 앞까지 빠르게 배송해주니, 두루두루 필요한 때에 맞춰 주문해 먹곤 해요. 늘 먹던 것들이라 항상 믿고 구입할 수 있는데, 추천하는 식재료는 제가 함께 하고 있는 푸드샵(http://foodshop.co.kr)에서 살 수 있어요.

장수한우

장수한우는 항생제, 성장촉진제, 인공착색제 등을 가축에게 투여하지 않고 기른 소에서 얻은 건강한 쇠고기예요. 국거리인 양지머리, 불고깃감, 안심이나 등심 등의 구이용, 또 다짐육 등 골고루 구입해서 먹어요. 쇠고기를 조금씩 구매하는 생활 패턴을 고려해 200g 단위로, 부위별로 포장해서 판매해요.

도드람 돼지고기

도드람포크 공장에 직접 방문한 적이 있는데요, 갈 때마다 깔끔하고 참 위생적이라는 점이 인상적이었어요. 그리고 무엇보다 도드람포크는 돼지고기가 참 신선하고 맛있어요. 배송도 깔끔하니 더 만족스럽고요. 인터넷으로 도드람포크를 주문해서 먹은 뒤로는 늘 돼지고기는 인터넷으로만 주문해 먹는 품목이 되었어요. 왜냐하면 정말 신선한 냉장 상태의 돼지고기가 집까지 배송되며 무엇보다 맛있으니까요.

해명원의 고등어, 삼치, 굴비 등의 생선

고등어, 삼치, 굴비, 갈치 등의 생선 많이 드시죠? 저는 생선도 마트에서 그때그때 구입하지 않고 냉동 배송으로 안전하게 배송해 주는 해명원의 생선을 구입해 먹어요. 한 번에 먹을 양씩 팩으로 포장되어 있어 냉동실에 보관했다가 꺼내서 조리해 먹기에 아주 편하답니다. 생선은 염장 기술도 중요한데, 해명원의 생선은 맛도 한결같아요. 오랜 기간 꾸준히 인정받고 있는 수산

물 기업이라 믿고 구입해 먹고 있어요.

무항생제 한우 안심곰탕

요즘 곰탕을 집에서 끓여 드시는 분들 많지 않죠. 하루 종일 핏물 빼고 끓이는 과정이 좀 번거롭기는 해요. 저는 무항생제 친환경 한우뼈로 만든 이력추적 한우안심곰탕을 구입해서 두고 먹어요. 소금으로 간을 맞추고 파만 송송 썰어 넣고 후춧가루를 뿌려 먹으면 정말 간편해요. 사골육수가 필요한 떡국이나 만둣국, 칼국수 등을 끓일 때도 활용하면 좋아요. 또 순대를 넣고 새우젓으로 간을 하면 집에서도 쉽게 맛있는 순대국을 만들 수 있어요.

교동식품의 육개장과 갈비탕

곰탕과 마찬가지로 육개장과 갈비탕을 집에서 끓여 먹으려면 시간도 오래 걸리고 맛을 내기도 힘들어요. 제가 종종 구입해서 먹는 육개장과 갈비탕이 있는데요. 시판되는 육개장과 갈비탕 중 가격 대비 실하고 맛도 좋아요. 육개장은 콩나물과 버섯 등을 추가하여 물을 더 붓고 간을 하여 먹어도 좋고, 달걀만 풀어 넣어도 푸짐하게 먹을 수 있어요. 갈비탕은 쇠고기 육수처럼 활용하면 좋아요. 불린 미역과 물을 추가로 넣고 간을 해서 끓이면 미역국으로, 무를 채 썰어 넣고 끓이면 쇠고기 뭇국, 콩나물과 버섯을 넣고 고춧가루를 더해 끓이면 쇠고기 콩나물탕으로 먹을 수 있어 요긴해요. 바쁠 때 시판 육개장과 갈비탕을 활용하여 입맛에 맞는 추가 재료를 넣고 끓이면 푸짐하고 맛있는 밥상을 차릴 수 있어요.

Tip 제품 구입정보

푸드샵 http://foodshop.co.kr, 1577-2126

따끈한 밥을 먹고 사는 우리가 가장 식탁에 자주 내놓는 반찬들은 뭘까요?
가장 접하기 쉽고 한국 사람들이 좋아하는 식재료들을 나열하였습니다.
콩나물, 시금치, 브로콜리, 감자, 오이 등의 채소,
오징어, 고등어 등의 생선과 해산물,
소와 돼지, 닭고기 등의 에너지를 얻을 수 있는 고기,
최고 인기 식재료인 달걀, 두부, 버섯, 어묵까지.
먼저 독자분들께 소개하고 싶은 반찬을 재료별로 적어 보았어요.
그런 다음 지우고, 지우고, 또 지워가면서 꼭 알려드리고 싶은 반찬 레시피를 남겼어요.
욕심을 내서 더 많은 요리를 담고 싶었지만,
이 정도만 할 줄 알면 먹고 사는 데 지장이 없고
'요리 좀 한다'는 말을 들을 수 있는 최강의 반찬 레시피에요.
가장 간단하다고 생각되는 김치도 한 가지 정도는 담가보고,
장아찌와 피클도 만들어 보면 좋을 것 같아
인기 있고 맛있다고 생각하는 레시피를 모아 봤어요.
소개하는 반찬들은 매일 먹어도 질리지 않는 반찬,
언제 먹어도 맛있고, 또다시 먹어도 생각나는 참 좋은 반찬들만 선별한 것이랍니다.
이 정도의 반찬만큼은 내 것으로 만들어서 맛있고 소박하지만,
'사랑이 깃든 식탁을 만들어 볼 수 있으면 참 좋겠다'는 생각을 하면서요.

CHAPTER / 01

반찬

01 가지 양념구이

가지는 보통 쪄서 무쳐 먹는데요. 쪄서 무친 가지 반찬은 호불호가 나뉘어요. 물컹한 식감을 꺼리는 분들이 많거든요. 가지 양념구이는 가지를 좋아하지 않는 사람도 맛있게 먹을 수 있는 반찬이에요. 조리법에 따라 가지의 맛도 달라지는데 이 요리는 씹히는 맛이 좋고 밥과 먹기에 좋아요.

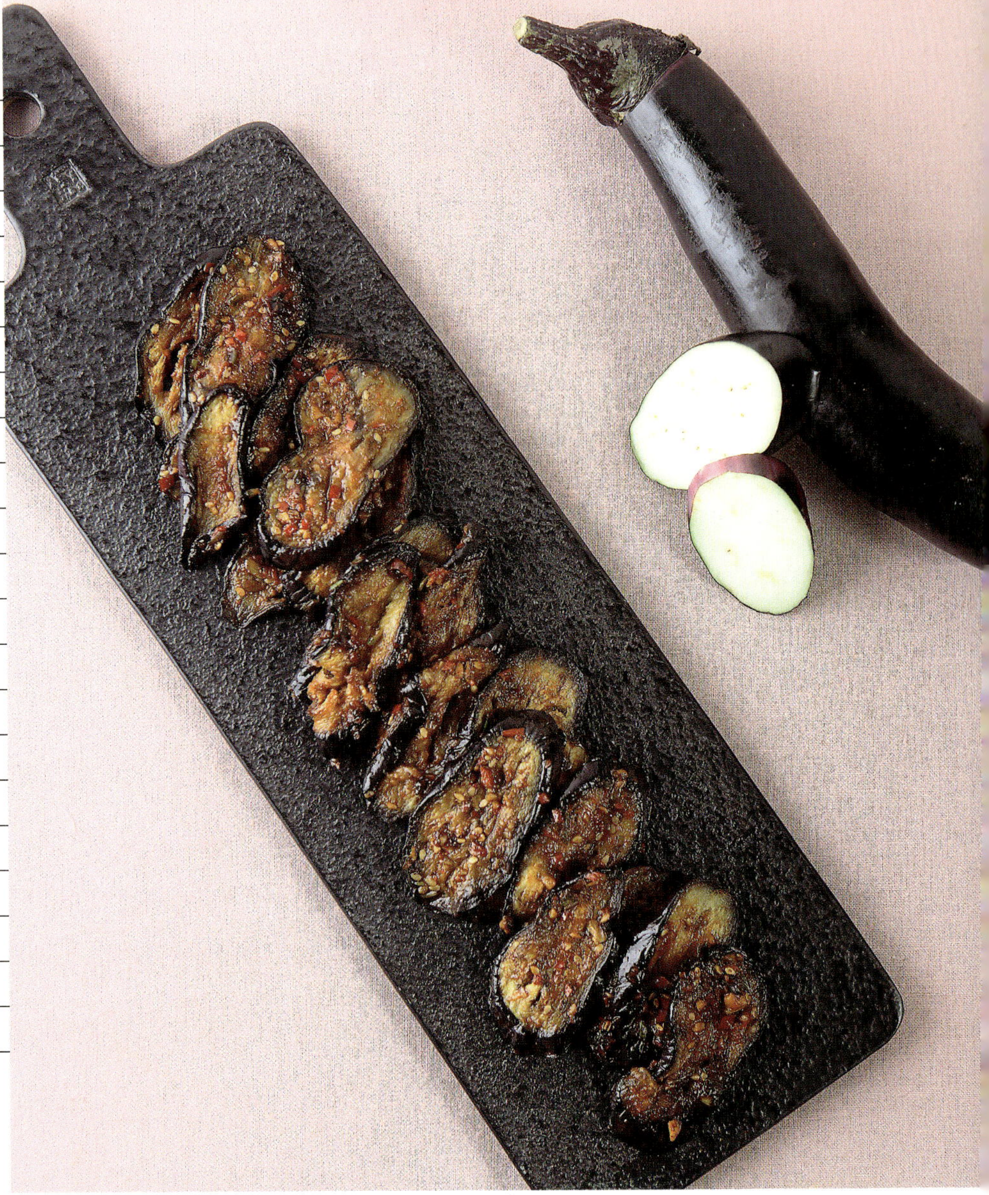

My Recipe

스마트폰으로 QR코드를 스캔하면 요리 과정을 동영상으로 볼 수 있어요

1. 가지는 1cm 두께로 어슷하게 썬다.

2. 볼에 양념 재료인 다진 파 1, 다진 홍고추 1, 다진 마늘 0.5, 고춧가루 0.5, 고추장 0.5, 간장 2, 올리고당 1, 참기름 1, 통깨 0.5를 한데 섞는다.

3. 달군 팬에 식용유를 살짝 두르고 가지를 넣는다. 아랫면이 노릇하게 구워지면 뒤집어서 노릇하게 굽는 과정을 두세 번 반복한다.

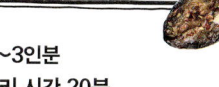

오래 구우면 양념이 타니 재빨리 볶으세요.

4. 양념장을 넣고 고루 섞어 재빨리 볶으면 끝!

2~3인분
요리 시간 20분

주재료
가지 2개(400g)
식용유 1

양념 재료
다진 파 1
다진 홍고추 1(생략 가능)
다진 마늘 0.5
고춧가루 0.5
고추장 0.5
간장 2
올리고당 1
참기름 1
통깨 0.5

RECIPE

02 감자볶음

감자는 어떻게 요리하느냐에 따라서 맛이 확 달라져요.
파근파근한 맛이 나는가 하면 설컹설컹 씹히는 맛도 나니까요.
오늘은 설컹설컹 씹히는 맛이 좋은 감자채볶음을 소개할게요.

My Recipe

스마트폰으로 QR코드를
스캔하면 요리 과정을
동영상으로 볼 수 있어요

1. 감자는 껍질을 벗겨 가늘게 채 썬다. 당근과 양파도 감자와 같은 굵기로 채 썬다.

2. 채 썬 감자는 물에 헹구듯 녹말을 깨끗하게 씻는다. 물이 맑아지면 물에 감자를 담가 1분 정도 둔다.

3. 씻은 감자채는 체에 밭쳐 물기를 쪽 뺀다.

감자채볶음에 맛술을 넣으면 감칠맛이 나고 더 촉촉해요.

4. 팬을 충분히 달구어 식용유 3을 넣고 달군다. 중약 불에 감자채, 당근채, 양파채를 넣고 계속 저어가면서 3~5분 정도 볶는다. 감자가 설컹해지면 소금과 후춧가루를 약간씩 넣어 간을 하고 맛술 1을 넣어 2~3분 정도 볶으면 끝!

2~3인분
요리 시간 20분

주재료
감자(중간 것) 2개(300g)
당근 1/6개(30g)
양파 1/6개(30g)

양념 재료
식용유 3
소금 약간(0.2 정도)
후춧가루 약간
맛술 1

대체 식재료
당근 ▶ 피망, 파프리카

03 감자 옥수수 샐러드

감자 샐러드는 한꺼번에 많이 만들어 먹으면 쉽게 질려요. 딱 한 번만
먹을 만큼만 만들어야 아쉬움이 남죠. 적당량을 만들어서 반찬 삼아 먹으면
그렇게 맛있고 좋을 수가 없더라고요. 반찬으로 먹어도 좋고, 간식으로
먹어도 좋고, 또 빵에 얹어 먹어도 참 맛있는 감자 옥수수 샐러드입니다.
감자 샐러드 맛있게 만드는 비법을 알려드릴게요.

My Recipe

스마트폰으로 QR코드를
스캔하면 요리 과정을
동영상으로 볼 수 있어요

1. 감자는 가로, 세로 2cm 크기로 먹기 좋게 썬다.

8~10분 정도 삶으면 돼요.

2. 냄비에 감자 삶는 물 재료인 물 3컵, 설탕 2, 굵은소금 0.5를 넣는다. 감자를 넣고 감자가 완전하게 익을 때까지 푹 삶는다.

3. 옥수수는 체에 밭쳐 물기를 쪽 빼고 양파는 다진다.

4. 삶은 감자는 체에 밭쳐 자연스럽게 식혀 볼에 넣는다.

5. 옥수수와 다진 양파를 넣고 체다 슬라이스 치즈는 손으로 뜯어 넣는다. 양념 재료인 마요네즈 3, 씨겨자 0.5, 통후추 약간을 갈아 넣고 골고루 버무리면 끝!

2인분
요리 시간 30분

주재료
감자(중간 것) 2개(200g)
옥수수 통조림 2/3컵(80g)
다진 양파 1/4개분
체다 슬라이스 치즈 1장

감자 삶는 물 재료
물 3컵
설탕 2
굵은소금 0.5

양념 재료
마요네즈 3
씨겨자 0.5
통후추 약간

대체 식재료
옥수수 통조림 ▶ 삶은 옥수수

04 감자조림

식재료를 어떻게 요리하느냐에 따라 같은 재료라도 맛에서 차이가 느껴지는데요, 파근파근한 감자볶음 대신 설컹하면서 쫀득한 식감이 나는 감자볶음은 어떠세요? 감자의 전분을 씻어내고, 약간의 물만 넣고 뚜껑을 덮고 조리하면 그 맛이 나오더라고요. 양념이 중요한 것이 아니라 조리법이 중요한 감자볶음이에요.

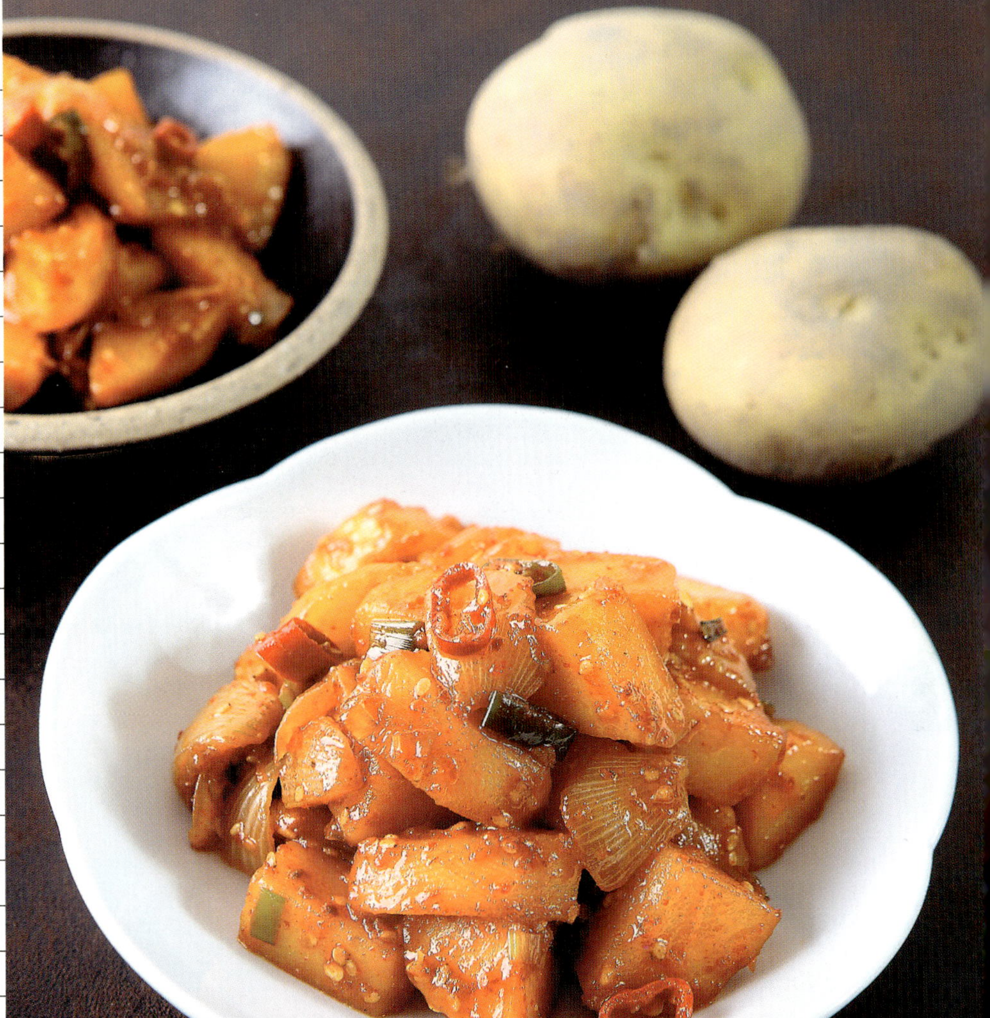

My Recipe

스마트폰으로 QR코드를
스캔하면 요리 과정을
동영상으로 볼 수 있어요

2~3인분
요리 시간 25분

주재료
감자(중간 것) 3개(400g)
양파 1/2개
청양고추 1개(생략 가능)
홍고추 1/2개(생략 가능)
대파 1/3대
식용유 2
물 3
통깨 0.5

양념장 재료
고춧가루 1
다진 마늘 0.5
간장 3
올리고당 2
참기름 1

> 감자는 반드시 물에 헹궈야 볶을 때 달라붙지 않아요.

1. 감자는 필러로 껍질을 벗기고 길이로 4등분하여 2cm 두께로 썬다. 물에 헹궈 녹말을 빼서 체에 밭쳐 받친다. 양파도 감자 크기로 썬다.

2. 청양고추, 홍고추, 대파는 송송 썬다. 볼에 양념장 재료인 고춧가루 1, 다진 마늘 0.5, 간장 3, 올리고당 2, 참기름 1을 한데 섞는다.

> 중간 중간 감자가 눌어붙지 않도록 뒤집으세요. 젓가락으로 찔러 보았을 때 서걱거리는 정도로 익히면 돼요.

3. 달군 팬에 식용유 2를 두르고 감자와 양파를 넣고 중간 불에서 3분 정도 저어가면서 볶는다. 물 3을 넣고 약한 불에 뚜껑을 덮고 8~10분 정도 익힌다.

4. 감자가 익으면 뚜껑을 열고 양념장을 넣고 2분 정도 볶는다.

> 아이가 먹는다면 청양고추는 빼세요.

5. 청양고추, 홍고추, 대파를 넣고 중간 불에 2분 정도 볶아 불을 끈다. 남은 열로 2분 정도 더 익히면 끝!

RECIPE 05 강된장

저는 쌈밥을 자주 만들어 먹어요. 그때마다 꼭 필요한 것은 강된장. 여러 가지 재료를 다르게 넣어 강된장을 번갈아 해 먹는데요. 강된장이란 말만 들어도 짜게 느껴지지만 양파와 청양고추를 넣고 심심하게 만들어 쌈밥에 곁들이면 더 맛있게 많이, 기분 좋게 먹을 수 있어요. 다진 쇠고기를 넣은 이 강된장은 씹는 맛이 좋고 고기를 넣어서 그런지 아이들도 잘 먹더라고요. 쌈채소 두세 장에 밥은 조금만, 짜지 않은 쌈장을 넉넉하게 넣어 먹으면 건강을 한 쌈 먹는 기분이에요.

My Recipe

스마트폰으로 QR코드를 스캔하면 요리 과정을 동영상으로 볼 수 있어요

쇠고기 다진 것은 안심이나, 등심, 홍두깨살, 우둔살 등을 사용해요.

1. 쇠고기는 다진 것으로 준비한다. 양파는 잘게 다지고 청양고추, 홍고추, 대파는 송송 썬다.

2. 냄비에 식용유 1을 두르고 다진 양파를 넣고 달달 볶다가 다진 쇠고기, 다진 마늘 0.5, 청주 1을 넣고 고기가 하얗게 익을 때까지 볶는다.

3. 멸치 다시마 육수 1컵을 붓고 끓인다.

4~5인분
요리 시간 20분

주재료
쇠고기(다진 것) 100g
양파 1/2개
청양고추 2개
홍고추 1/2개(생략 가능)
대파 1/3대
멸치 다시마 육수 1컵

눌어붙지 않도록 중간 중간 저어주세요.

4. 된장 3~4와 고추장 0.5를 넣고 달달 볶으면서 중간 불에서 5~7분 정도 끓이다가 청양고추, 홍고추, 대파를 넣고 바글바글 끓인다.

5. 마지막으로 설탕 0.3과 참기름 0.5를 넣고 자박하게 더 끓이면 끝!

양념 재료
식용유 1
다진 마늘 0.5
청주 1
된장 3~4
고추장 0.5
설탕 0.3
참기름 0.5

대체 식재료
쇠고기 ▶ 우렁이살, 조갯살, 새우살
양파 ▶ 무
청양고추 ▶ 풋고추, 피망
멸치 다시마 육수 ▶ 쌀뜨물

꿀팁

❶ 집된장을 사용할 경우 된장은 2순가락 정도 넣으세요.

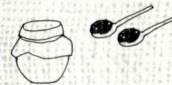
❷ 청양고추를 넣어야 강된장의 맛이 개운해지는데 아이들에게 먹일 것이라면 풋고추나 피망 등으로 대체하세요.

❸ 강된장에 설탕을 약간 넣으면 된장의 텁텁한 맛을 없앨 수 있어요.

06 고등어조림

먹음직스럽게 조린 고등어조림은 생각만 해도 절로 침이 고여요.
고등어를 굽지 않고 청양고추를 넣어 조리면 비린내도 덜하고
매콤하여 밥맛이 절로 나요. 깔끔하고 군더더기 없는 맛이 나죠.
제가 늘 먹는 고등어조림 레시피를 소개할게요.

My Recipe

스마트폰으로 QR코드를
스캔하면 요리 과정을
동영상으로 볼 수 있어요

2~4인분
요리 시간 40분

주재료
고등어(큰 것) 1마리(300g)
무 1/5개(200g)
양파 1/4개(50g)
대파 1/2대
청양고추 1개
홍고추 1/2개
멸치 다시마 육수 2컵

양념장 재료
고춧가루 3
다진 마늘 1
다진 생강 0.3
설탕 1
간장 4
청주 3
맛술 3

대체 식재료
고등어 ▶ 삼치, 갈치
무 ▶ 감자, 마
다진 생강 ▶ 생강가루

1
고등어는 먹기 좋게 가시를 발라낸 것으로 준비해 6토막으로 자른다. 무는 1cm 두께로 썰고 양파는 큼직하게 채 썬다. 대파, 청양고추, 홍고추는 어슷하게 썬다.

2
볼에 양념장 재료인 고춧가루 3, 다진 마늘 1, 다진 생강 0.3, 설탕 1, 간장 4, 청주 3, 맛술 3을 한데 섞는다.

3
냄비 바닥에 무를 깔고 고등어와 양파를 얹는다.

4
양념장을 넣는다. 양념장을 담았던 볼에 멸치 다시마 육수를 부어 헹구어 냄비에 넣는다.

5
뚜껑을 열고 끓여 끓어오르면 3~4분 정도 바글바글 끓이다가 뚜껑을 덮는다. 무가 푹 무르게 익고 국물이 자박해지면 대파, 청양고추, 홍고추를 넣고 1분 정도 더 조리면 끝!

> 바닥에 무와 양파가 눌어붙지 않도록 중간 중간 냄비째 흔들어 가면서 조리세요.

꿀팁

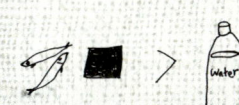

❶ 멸치 다시마 육수가 없다면 물을 넣고 조려도 되지만 맛이 조금 부족할 거예요.

❷ 친정엄마에게 배운 팁인데요. 생선조림에 장아찌 국물을 한 국자 정도 넣고 조리면 비린 맛도 덜하고, 깊은 맛이 나요.

RECIPE 07 고추 참치쌈장과 양배추찜

대박 쌈장 하나 소개할까요? 레시피만 봐도 맛이 없을 수가 없는 쌈장이에요. 무엇보다 매력적인 것은 그냥 섞기만 하면 되는 진짜 쉬운 쌈장이라는 것! 제가 좋아하는 양배추를 듬뿍 쪄서 쌈장과 함께 먹으면 밥을 3분의 1로 줄일 수 있어요. 찐 양배추를 팍팍 줄어들게 만드는 쌈장이에요.

My Recipe

스마트폰으로 QR코드를 스캔하면 요리 과정을 동영상으로 볼 수 있어요

1. 고추 참치쌈장 재료인 청양고추와 대파는 송송 썬다.

2. 시판 쌈장과 고추참치도 준비한다.

3. 볼에 고추참치, 시판 쌈장 7, 참기름 0.5, 통깨 0.5, 송송 썬 청양고추와 대파를 넣고 고루 섞어 고추 참치쌈장을 만든다.

4. 양배추는 김이 오른 찜통에 원하는 식감으로 찐다. 쌈채소도 취향대로 준비하여 씻어 물기를 쪽 빼서 양배추와 함께 접시에 담는다. 고추 참치쌈장을 곁들이면 끝!

7~8인분
요리 시간 15분

주재료
양배추 1/2통
쌈채소 적당량

고추 참치 쌈장 재료
청양고추 2개
대파 1/2대
시판 쌈장 7
고추참치 통조림(작은 것) 1통
참기름 0.5
통깨 0.5

대체 식재료
고추참치 ▶ 야채참치
청양고추 ▶ 풋고추

08 골뱅이무침

대한민국 1등 안주 하면 어떤 메뉴가 떠오르세요? 골뱅이무침이 아닐까요? 생각만 해도 침이 고이게 하는 매력적인 음식이죠. 골뱅이도 맛있지만 골라 먹는 오징어채와 촉촉한 양념에 비벼 먹는 소면의 맛도 골뱅이무침에 후한 점수를 주게 해요. 제가 항상 만들어 먹는 골뱅이무침 레시피는 이렇습니다! 언제 먹어도 맛은 한결같아요.

My Recipe

스마트폰으로 QR코드를 스캔하면 요리 과정을 동영상으로 볼 수 있어요

2~3인분
요리 시간 15분

주재료
골뱅이 통조림 1통(400g)
오징어채 1줌(50g)
오이 1개
양파 1/4개
풋고추 1개
파채 2줌(100g)

양념장 재료
고춧가루 2
다진 마늘 1
설탕 1
식초 2
간장 3
맛술 2
올리고당 2
고추장 1
참기름 2
통깨 1

대체 식재료
오징어채 ▶ 대구포, 황태채
파채 ▶ 오이, 참나물, 양배추

1. 볼에 분량의 양념장 재료인 고춧가루 2, 다진 마늘 1, 설탕 1, 식초 2, 간장 3, 맛술 2, 올리고당 2, 고추장 1, 참기름 2, 통깨 1을 한데 섞는다.

2. 골뱅이는 먹기 좋게 2~3등분 한다. 오징어채는 골뱅이 국물에 5분 정도 담갔다가 손으로 국물을 꾹 짠다.

파채는 직접 썰거나 마트에서 판매되는 것을 구입해요.

3. 오이는 반으로 잘라 어슷하게 썬다. 양파는 채 썰고 풋고추는 어슷하게 썬다. 파채도 함께 준비한다.

4. 볼에 골뱅이, 오징어채, 오이, 양파, 풋고추, 파채, 양념장을 넣고 골고루 무치면 끝!

 **꿀팁**

❶ 파채는 대파의 흰 부분을 반으로 썰어 가운데 심지를 빼낸 다음 겉대 부분만 채 썰어 사용해요. 푸른 부분도 조금 섞어 길이대로 채 썰어 넣으면 더 먹음직스러워요.

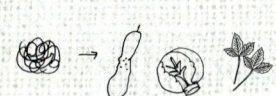

❷ 파채를 넣고 싶지 않다면 오이를 더 넣거나 참나물, 양배추 등 다른 채소로 대체해도 좋아요.

09 김무침

혹시 집에 묵은 김 없으세요? 냉동실에 처박혀 있는 김이요!
그런 김이 있다면 얼른 꺼내서 요리해 보세요.
김을 굽고 무치는 과정이 조금 번거롭지만 묵은 김을
처리하는 데는 최고의 요리입니다.
만들고 나면 양이 적어 허무하지만 짜지 않아
더 맛있는 김무침을 알려드릴게요.

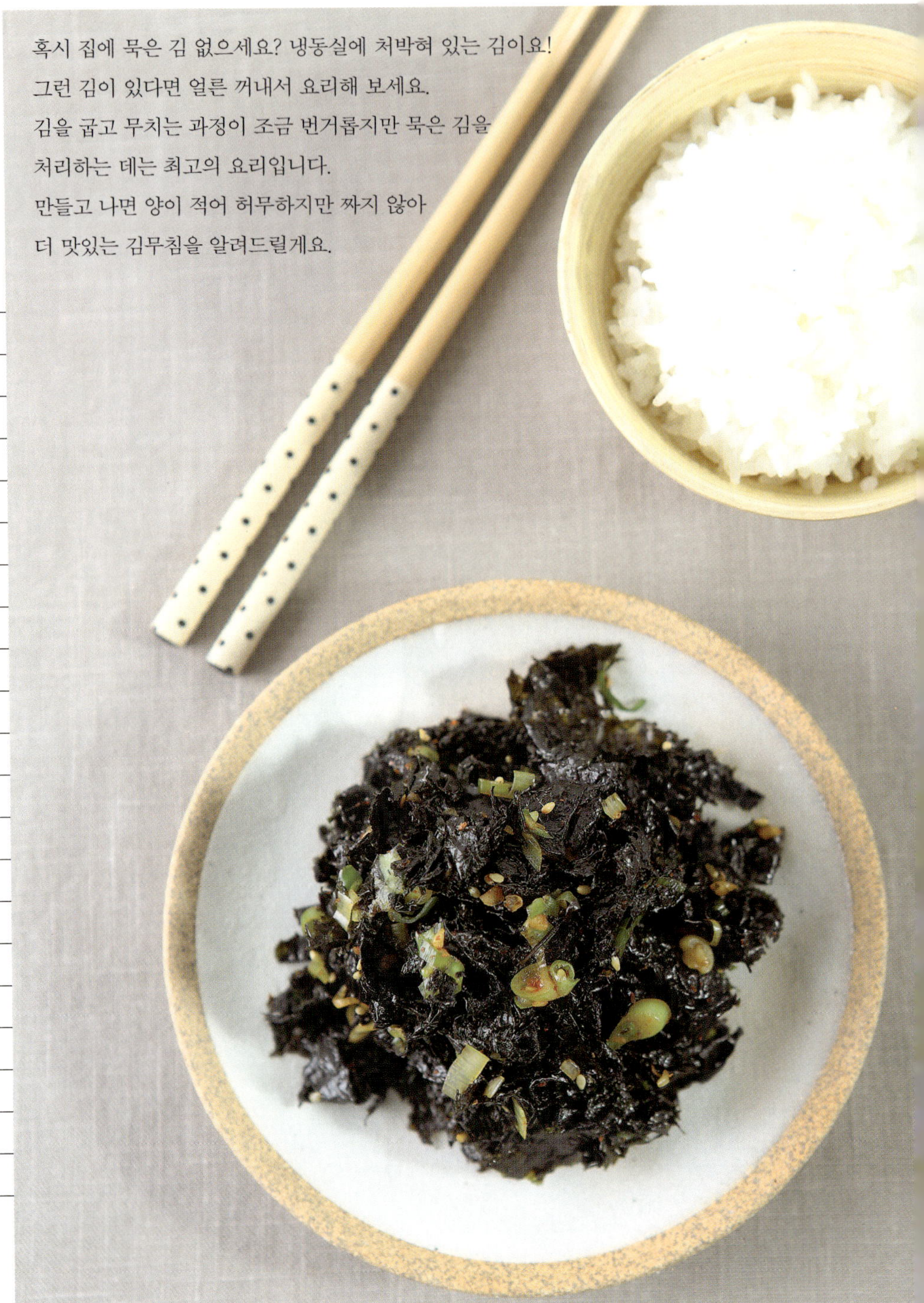

My Recipe

스마트폰으로 QR코드를
스캔하면 요리 과정을
동영상으로 볼 수 있어요

> 김의 색깔이 까만색에서 녹색으로 변할 때까지 구워요.

1. 김은 2장씩 포개서 달군 프라이팬에 굽는다.

2. 양념장 재료인 송송 썬 대파 5, 다진 청양고추 1, 고춧가루 1, 다진 마늘 1, 간장 4, 맛술 2, 올리고당 1, 참기름 3, 통깨 1을 넣고 고루 섞는다.

3. 구운 김을 한 움큼씩 집어 양념장에 뜯어 넣는다.

4. 김에 양념이 골고루 묻도록 조물조물 무치면 끝!

4~5인분
요리 시간 25분

주재료
김 30장

양념장 재료
송송 썬 대파 5
다진 청양고추 1
고춧가루 1
다진 마늘 1
간장 4
맛술 2
올리고당 1
참기름 3
통깨 1

RECIPE 10 깍두기

깍두기는 김치 중에서 정말 만들기 쉬운 김치에 해당해요.
재료를 다듬고 절이는 과정도 훨씬 수월하고요. 몇 가지의 기본 원칙만
잘 지키면 정말 맛있는 깍두기를 담글 수 있어요. 그래도 무엇보다
중요한 것은 맛있는 무와 액젓을 준비해야 해요.

My Recipe

스마트폰으로 QR코드를
스캔하면 요리 과정을
동영상으로 볼 수 있어요

10인분
요리 시간 20분
(절이는 시간 30분)

주재료
무 1kg
쪽파 7대
양파 1/4개

절임물 재료
굵은소금 1
물 1/2컵

양념 재료
고춧가루 6
다진 마늘 1
초피액젓 4
새우젓 1
올리고당 2~3

대체 식재료
초피액젓 ▶ 까나리액젓

> 무는 한입 크기로 도톰하게 썰어요.

1

무는 가로, 세로 3cm 크기, 1cm 두께로 썬다.

> 중간 중간 무의 위아래를 바꿔가며 고루 절여요.

2

큼직한 볼에 무를 넣고 절임물 재료인 굵은소금 1과 물 1/2컵을 넣고 고루 섞어 30분 정도 절인다.

3

쪽파는 3cm 길이로 썰고 양파는 채 썬다.

4

양념 재료인 고춧가루 6, 다진 마늘 1, 초피액젓 4, 새우젓 1, 올리고당 2~3을 넣고 골고루 섞는다.

5

무가 잘 절여지면 체에 밭쳐 자연스럽게 물기를 뺀다.

6

양념에 물기를 뺀 무, 쪽파, 양파를 넣고 골고루 버무리면 끝!

RECIPE

11 깻잎찜

혹시 안동국시와 함께 먹는 깻잎찜 드셔 보셨어요?
유명한 국시집의 깻잎찜을 흉내 내려고 만든 것인데,
제 입맛에는 이 레시피로 만든 깻잎찜이
더 맛있게 느껴지네요. 국시를 싸서 먹어도 맛있지만
밥을 싸 먹으면 한없이 먹게 되는 짜지 않은
깻잎찜이에요. 국수도둑? 아니, 밥도둑이 될
기특한 반찬 추가요!

My Recipe

스마트폰으로 QR코드를
스캔하면 요리 과정을
동영상으로 볼 수 있어요

1. 깻잎은 씻어 체에 밭쳐 물기를 뺀다. 양파는 잘게 썰고 쪽파는 송송 썬다. 홍고추는 잘게 다지듯 썬다.

> 참치진국이 없으면 간장을 더 넣으세요.

2. 볼에 잘게 썬 양파, 쪽파, 홍고추를 넣는다. 양념장 재료인 고춧가루 2, 설탕 1, 다진 마늘 1, 초피액젓 3, 간장 2, 참치진국 1, 맛술 3, 들기름 2, 통깨 1, 물 1컵을 넣고 잘 섞는다.

3. 냄비에 양념장을 약간 넣고 깻잎을 3~4장씩 겹쳐 얹고 다시 양념장을 얹는다. 이 과정을 반복한다.

4. 중약 불로 불을 켜서 뚜껑을 덮고 4~5분 정도 뭉근히 끓이다가 깻잎의 위아래 위치를 바꾼다.

> 국물이 자작해지도록 조리세요.

5. 다시 뚜껑을 덮고 4~5분 정도 뭉근히 조리면 끝!

10인분
요리 시간 30분

주재료
깻잎 100~120장
양파 1/2개
쪽파 5대
홍고추 1개

양념장 재료
고춧가루 2
설탕 1
다진 마늘 1
초피액젓 3
간장 2
참치진국 1
맛술 3
들기름 2
통깨 1
물 1컵

대체 식재료
물 ▶ 멸치 다시마 육수
참치진국 ▶ 간장
쪽파 ▶ 대파
홍고추 ▶ 청양고추, 풋고추
초피액젓 ▶ 까나리액젓

RECIPE

12 닭 가슴살 오이냉채

닭 가슴살은 맛있게 먹기 참 힘들죠? 아무리 다이어트에 좋다 해도 이왕 먹는 닭 가슴살이라면 맛있게 먹고 싶어요. 자주 만들어 먹는 닭 가슴살 요리는 오이와 연겨자 소스를 넣은 냉채로 반찬 겸 샐러드로 즐길 수 있어요. 닭 가슴살과 풋풋한 채소에 톡 쏘는 겨자 소스가 입맛을 돋우는 요리랍니다. 이제 닭 가슴살 요리도 입맛을 살리는 최소한의 양념을 활용해 맛있게 즐기세요. 이렇게 먹으면 맛있는 나머지 너무 많이 먹게 될지 모르지만….

My Recipe

스마트폰으로 QR코드를
스캔하면 요리 과정을
동영상으로 볼 수 있어요

1. 냄비에 닭고기 삶는 물 재료인 굵은소금 0.3, 청주 2, 물 4컵을 넣고 끓인다. 팔팔 끓으면 닭 가슴살을 넣고 중간 불로 줄여 10~15분 정도 삶는다.

2. 닭 가슴살을 끓이는 동안 소스 재료인 연겨자 0.5, 다진 마늘 0.3, 설탕 0.3, 올리고당 1, 식초 2, 간장 1, 소금 약간, 후춧가루 약간, 참기름 0.5를 넣고 고루 섞는다.

3. 오이는 굵게 채 썰고 양파도 채 썬다.

4. 닭 가슴살이 다 익으면 꺼내서 식혀 결대로 먹기 좋게 찢는다. 닭고기 양념 재료인 소금과 후춧가루를 약간씩 넣고 조물조물 무쳐 밑간을 한다.

5. 볼에 닭 가슴살, 오이, 양파, 소스를 넣고 조물조물 무치면 끝!

2인분
요리 시간 20분

주재료
닭 가슴살 1조각
오이 1/2개
양파 1/4개

닭고기 삶는 물 재료
굵은소금 0.3
청주 2
물 4컵

소스 재료
연겨자 0.5
다진 마늘 0.3
설탕 0.3
올리고당 1
식초 2
간장 1
소금·후춧가루 약간씩
참기름 0.5

닭고기 양념 재료
소금·후춧가루 약간씩

대체 식재료
닭 가슴살 ▶ 닭고기 통조림

꿀팁

닭 가슴살 삶는 것이 번거로우면 시판되는 닭 가슴살 통조림이나 연하고 촉촉하게 가공한 수비드닭 가슴살 등을 활용하면 더 빨리 만들 수 있어요.

RECIPE

13 닭고기 통마늘조림

아이들은 닭고기를 먹고 어른들은 채소를 골라 먹는 닭고기 통마늘조림이에요. 뚝딱 만드는 맛있는 닭고기 요리라서 더 좋아요. 함께 넣은 채소와 통마늘이 정말 맛있어서 또 생각나는 요리예요.

My Recipe

스마트폰으로 QR코드를
스캔하면 요리 과정을
동영상으로 볼 수 있어요

2~3인분
요리 시간 40분

주재료
닭 다리살(껍질 벗긴 것) 5~6
조각(350g)
브로콜리(작은 것) 1송이(200g)
청양고추 1~2개
대파 1/4대
마늘 20쪽
통깨 0.5

닭고기 밑간 재료
소금·후춧가루 약간씩
청주 2

양념장 재료
간장 4
맛술 2
올리고당 2
참기름 2
다진 생강 약간
후춧가루 약간

대체 식재료
브로콜리 ▶ 미니 양배추, 양배추
다진 생강 ▶ 생강가루

1. 닭 다리살은 먹기 좋게 4등분 한다. 브로콜리는 한입 크기로 송이송이 자르고 청양고추와 대파는 어슷하게 썬다. 마늘은 꼭지를 잘라낸다.

2. 닭 다리살에 밑간 재료인 소금과 후춧가루 약간씩, 청주 2를 전체적으로 뿌려 밑간을 한다.

3. 볼에 양념장 재료인 간장 4, 맛술 2, 올리고당 2, 참기름 2, 다진 생강 약간, 후춧가루 약간을 한데 섞는다.

4. 달군 팬에 닭 다리살을 넣어 굽다가 마늘을 넣고 굽는다. 이어서 브로콜리를 넣고 중간 불에 타지 않게 굽듯 속까지 익힌다.

5. 닭다리 살이 완전히 익으면 대파, 청양고추, 양념장을 넣어 윤기나게 2~3분 정도 조린다. 마지막으로 통깨 0.5를 솔솔 뿌리면 끝!

14 닭조림과 부추무침

손님상에 닭고기를 내기 좀 민망하죠? 손님상에 내어도 민망하지 않은 일품요리 같은 닭고기 반찬을 알려드릴게요. 닭고기만 내면 밋밋한데 부추무침을 같이 먹으니 요리가 더 멋스럽고 맛깔스러워요.

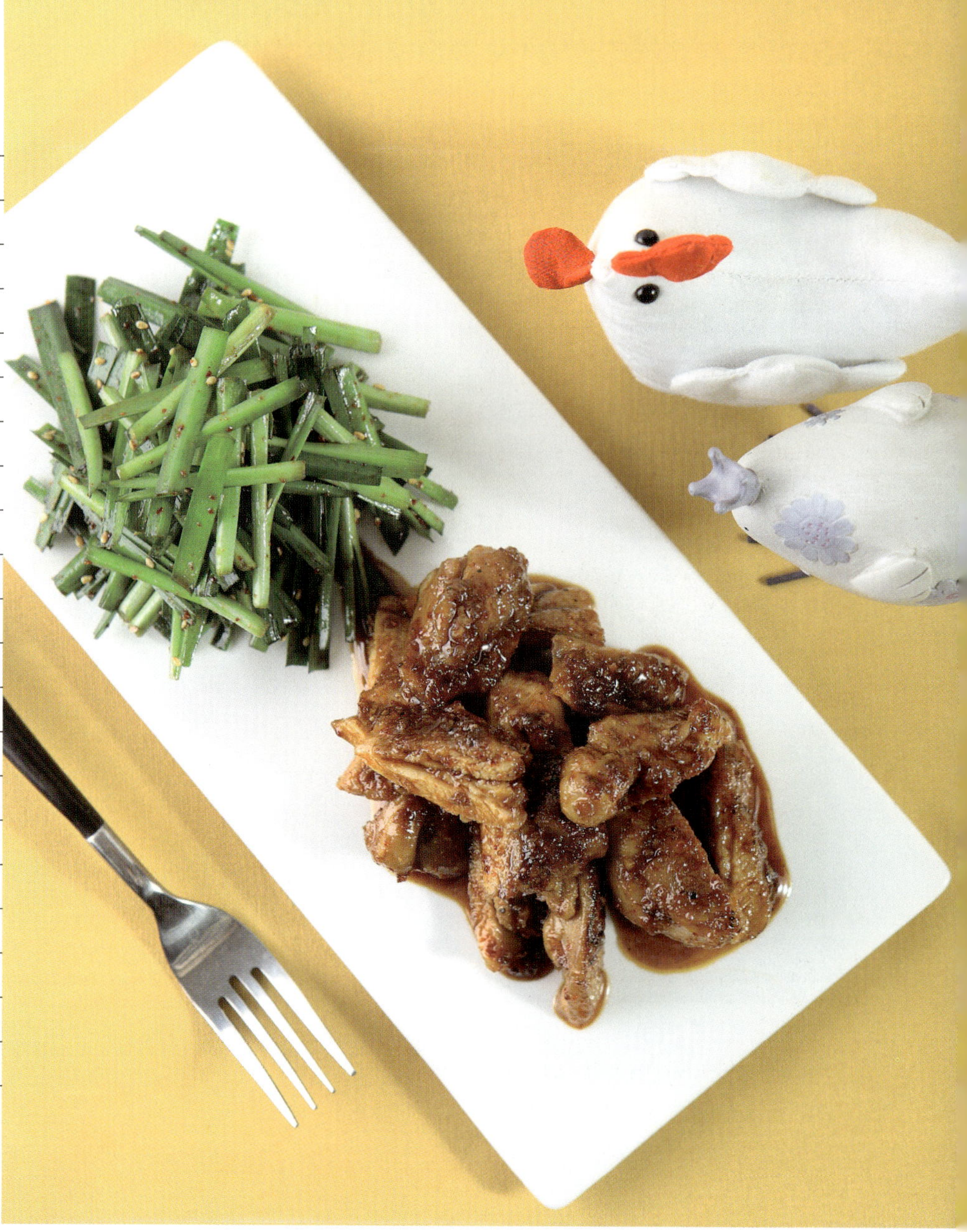

My Recipe

스마트폰으로 QR코드를 스캔하면 요리 과정을 동영상으로 볼 수 있어요

1. 닭 다리살은 닭고기 밑간 재료인 소금과 후춧가루 약간씩을 솔솔 뿌린 다음 다진 마늘 0.5, 청주 1을 골고루 펴 바른다.

2. 닭고기 양념장 재료인 고춧가루 0.5, 설탕 1, 간장 3, 맛술 1, 올리고당 1, 참기름 0.5를 한데 섞는다.

3. 중약 불로 달군 팬에 기름을 살짝만 두르고 밑간을 한 닭을 넣고 속까지 충분히 익도록 앞뒤로 굽는다. 닭이 다 익으면 미리 준비한 닭고기 양념장을 넣고 윤기나게 조린다.

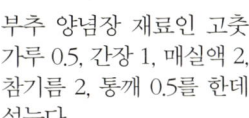
매실액이 없으면 올리고당 1을 넣어도 돼요.

4. 부추 양념장 재료인 고춧가루 0.5, 간장 1, 매실액 2, 참기름 2, 통깨 0.5를 한데 섞는다.

5. 부추는 4~5cm 길이로 썰고 부추 양념장을 넣어 살살 무친다.

6. 닭고기 조린 것을 먹기 좋게 잘라 접시에 담고 부추무침을 곁들이면 끝!

2인분
요리 시간 30분

주재료
닭 다리살(껍질 벗긴 것) 4조각(300g)
식용유 약간
부추 100g

닭고기 밑간 재료
소금·후춧가루 약간씩
다진 마늘 0.5
청주 1

닭고기 양념장 재료
고춧가루 0.5
설탕 1
간장 3
맛술 1
올리고당 1
참기름 0.5

부추 양념장 재료
고춧가루 0.5
간장 1
매실액 2
참기름 2
통깨 0.5

대체 식재료
매실액 2 ▶ 올리고당 1

꿀팁

❶ 닭 다리살만 발라진 닭 정육은 따로 대형 마트나 온라인 몰을 통해 구입할 수 있어요. 껍질을 벗겨 살만 있는 것과 껍질이 있는 것이 있는데, 취향대로 구입해서 사용하세요.

❷ 따끈한 밥에 닭고기조림과 부추무침을 얹어 한 그릇 덮밥으로 만들어 먹어도 좋아요.

15 대파 마요네즈 달걀말이

매일 해서 먹는 음식이 오히려 어렵게 느껴질 때가 있죠?
달걀말이, 달걀찜, 콩나물무침 등.
이번에 소개하는 달걀말이는 수십 번의 테스트를 거쳐 완성한
히트 달걀말이예요. 대파를 듬뿍 넣고 마요네즈 넣고 양념까지 해서
돌돌 말았어요. 촉촉하고, 달달하고, 부드러운 달걀말이예요.

My Recipe

스마트폰으로 QR코드를
스캔하면 요리 과정을
동영상으로 볼 수 있어요

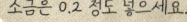
소금은 0.2 정도 넣으세요.

1 대파는 송송 썬다.

2 볼에 달걀을 깨어 넣고 대파, 양념 재료인 맛술 2를 먼저 넣는다.

3 마요네즈 1, 참치진국 0.5, 소금 약간을 넣고 골고루 섞는다.

2인분
요리 시간 20분

주재료
달걀 4개
대파(큰 것) 1대
식용유 적당량

양념 재료
맛술 2
마요네즈 1
참치진국 0.5
소금 약간(0.2 정도)

대체 식재료
참치진국 ▶ 간장

4 팬을 중간 불에 충분히 달구어 약한 불로 줄인 다음 식용유 1을 두른다. 팬에 달걀물을 붓고 전체적으로 둘러지도록 펼쳐 익힌다.

5 윗면이 반쯤 익어 달걀물이 찰랑거리지 않을 때 뒤집개와 손으로 돌돌 만다.

6 다시 이어지는 부분에 달걀물을 붓고 넓게 펼쳐 윗면이 말기 좋은 상태일 때 다시 말기를 반복한다. 달걀말이를 완성한 다음 충분히 식혀 먹기 좋게 썰면 끝!

꿀팁

❶ 대파를 잔뜩 넣어서 달고 맛있어요. 여러 채소를 잘게 써는 수고도 덜 수 있고 감칠맛이 나서 대파를 안 먹는 아이들도 잘 먹어요.

❷ 달걀말이는 따끈할 때 모양에 상관없이 바로 먹으면 맛있어요.

RECIPE

16 도토리묵무침

입맛 살리는 특별한 반찬으로 도토리묵만 한 것이 있을까요? 그냥 무침인데 묵을 무치면 일품요리처럼 근사해요. 묵무침은 묵을 넉넉히 넣어 밥 대신 먹어도 좋고, 술안주나 늦은 밤 야식으로 먹기에도 참 좋아요. 게다가 만드는 데 10분도 안 걸리니 얼마나 고마운지!

My Recipe

스마트폰으로 QR코드를 스캔하면 요리 과정을 동영상으로 볼 수 있어요

**2인분
요리 시간 10분**

주재료
도토리묵 1모(400g)
오이 1/2개
양파 1/4개(50g)
상추 6~7장
당근 약간(생략 가능)
풋고추 1개(생략 가능)

양념장 재료
고춧가루 2
다진 마늘 0.5
간장 3
올리고당 2
참기름 1
통깨 1

대체 식재료
도토리묵 ▶ 메밀묵
상추 ▶ 치커리나 쑥갓 등의 샐러드 채소

볼에 양념장 재료인 고춧가루 2, 다진 마늘 0.5, 간장 3, 올리고당 2, 참기름 1, 통깨 1을 한데 섞는다.

도토리묵은 한입 크기로 썬다. 오이는 반으로 잘라 어슷하게 썰고 양파는 채 썬다. 상추는 3cm 폭으로 썰고 당근은 굵게 채 썰고 풋고추는 어슷하게 썬다.

양념장에 도토리묵, 오이, 양파, 상추, 당근, 풋고추를 넣고 묵이 부서지지 않도록 살살 무치면 끝!

RECIPE

17 돼지고기 저수분 수육

물을 적게 넣고 향신채소를 넣어 고기를 조리하면 고기의 맛이 더욱 살고 냄새도 덜해요. 물론 돼지고기의 상태가 안 좋거나 냄새에 예민한 분들은 그렇지 않을 수도 있지만…. 만드는 법은 냄비에 채소를 넣고 고기를 얹은 다음 물은 3분의 1컵 정도만 넣고 약한 불에 뚜껑을 덮고 익히면 끝이에요. "앞으로 수육은 이렇게만 만들어 먹을 거예요"라고 할지도 몰라요.

My Recipe

스마트폰으로 QR코드를 스캔하면 요리 과정을 동영상으로 볼 수 있어요

2인분
요리 시간 60분

재료

돼지고기 통삼겹살 500g
양파(큰 것) 1/2개
대파 2대
생강 2톨
마늘 5~6쪽
물 1/3컵
소금 0.5
배추김치 적당량

> 두툼한 주물냄비가 없다면 비교적 묵직한 통 3중 이상의 냄비를 사용해도 좋아요.

1 돼지고기는 통삼겹살로 준비하여 큼직하게 썬다. 두툼한 주물냄비에 대파를 듬성듬성 썰어 담고 양파는 굵직하게 썰어 얹는다. 생강은 도톰하게 편으로 썰어 군데군데 얹고 마늘도 넣는다.

2 향신채소에 삼겹살을 다소곳하게 얹는다.

> 한 번씩 열어볼 때 고기의 위치를 바꾸기도 해요

3 중간 불로 불을 켜고 1분 정도 냄비를 전체적으로 달군다. 바로 약한 불로 줄이고 30분 정도 뚜껑을 덮고 익힌다.

4 물 3분의 1컵을 붓고 소금 0.5를 골고루 뿌린다. 뚜껑을 덮고 약한 불로 20분 정도 익힌다.

> 팬에 익히면 기름이 엄청 빠져 더 담백해요.

5 수육을 썰어 접시에 담아내거나 팬에 재료를 넣고 바싹 익혀 먹기좋게 썰어 배추김치와 곁들이면 끝!

18 돼지고기 장조림

쇠고기 장조림이야 엄청 맛있죠. 그런데 돼지고기로도 맛있게 장조림을 만들 수 있어요. 살이 부드럽고 담백한 맛으로 따지면 쇠고기보다 돼지고기가 더 나은 것 같아요. 돼지고기 장조림은 기름기가 적고 살이 많은 안심을 사용해서 만들고, 맛의 아쉬운 부분을 더하기 위해 꽈리고추를 넣으면 훨씬 감칠맛이 돌더라고요. 맛이 짜지 않아 밥과 함께 넉넉하게 먹을 수 있어요.

My Recipe

스마트폰으로 QR코드를 스캔하면 요리 과정을 동영상으로 볼 수 있어요

10인분
요리 시간 60분

주재료
돼지고기(안심) 500g
꽈리고추 20개
마늘 10쪽
참기름 1

돼지고기 삶는 물 재료
물 5컵
대파 1대
마늘 7쪽
생강 2톨
청양고추 1개
청주 3

조림장 재료
돼지고기 삶은 물 3컵
설탕 1
간장 9
맛술 3
올리고당 1

대체 식재료
꽈리고추 ▶ 베트남 마른 고추

1 돼지고기 안심은 6cm 간격으로 썬다. 꽈리고추는 꼭지를 떼서 준비한다.

2 돼지고기 삶는 물 재료인 물 5컵, 대파 1대, 마늘 7쪽, 생강 2톨, 청양고추 1개, 청주 3을 넣고 끓인다.

중간 중간 위로 뜨는 기름과 이물질은 숟가락을 이용해 건져내세요.

3 팔팔 끓으면 돼지고기를 넣고 끓여 다시 팔팔 끓으면 중간 불로 줄여 20~30분 정도 뭉근하게 삶는다.

4 삶은 돼지고기는 체에 밭쳐 국물은 따로 받고 고기는 건져 결대로 먹기 좋게 찢는다.

5 조림장 재료인 돼지고기 삶은 물 3컵, 설탕 1, 간장 9, 맛술 3, 올리고당 1을 넣고 찢어 놓은 돼지고기, 꽈리고추, 마늘을 넣는다. 바글바글 끓기 시작하면 중간 불로 줄여 5분 정도 더 끓이듯 조려 참기름 1을 넣고 섞으면 끝!

RECIPE 19 두부 동그랑땡

두부는 그대로 부쳐도 맛있지만 으깨서
모양을 만들어 동그랑땡을 부치면
두부의 맛이 더 부드럽고 고소한 맛도
확 살아요. 밀가루를 넣지 않고도 맛있고
예쁘게 부칠 수 있는 두부 동그랑땡이에요.

My Recipe

스마트폰으로 QR코드를
스캔하면 요리 과정을
동영상으로 볼 수 있어요

> 당근과 풋고추가 없다면 빼도 돼요. 양배추를 채 썰어 넣어도 좋아요

1. 두부는 면포나 키친타월로 물기를 쪽 빼서 볼에 넣고 보슬보슬 으깬다.

2. 두부에 검은깨 0.5, 달걀 1개, 소금 0.3, 후춧가루 약간을 넣고 고루 잘 섞어 반죽을 만든다.

3. 볼이나 팬에 소스 재료인 돈가스 소스 2, 간장 1, 올리고당 2, 물 3을 넣고 걸쭉하게 조린다.

2인분
요리 시간 30분

주재료
두부(부침용) 1모(300g)
검은깨 0.5
달걀 1개
소금 0.3
후춧가루 약간
식용유 넉넉히

소스 재료
돈가스 소스 2
간장 1
올리고당 2
물 3

대체 식재료
검은깨 ▶ 대파, 쪽파, 구운 김

4. 반죽을 둥글넓적하게 빚는다.

5. 중약 불로 달군 팬에 식용유를 넉넉하게 두르고 동그랑땡을 얹어 앞뒤로 노릇하게 부친다. 먹기 직전에 소스를 끼얹으면 끝!

꿀팁

❶ 두부 동그랑땡에 다진 쪽파나 대파를 넉넉히 넣으면 파의 단맛이 동그랑땡 맛을 더 좋게 해요.
❷ 김 2장을 잘게 찢어 넣고 부쳐도 맛있답니다.

RECIPE 20 두부조림

가장 만만하게 해 먹는 반찬은 역시 두부 요리예요.
두부조림은 언제 만들어 먹어도 후회하지 않는 반찬이죠.
두부 한 모가 주는 행복은 참 소박하지만, 따뜻한 기쁨을
선사하는 것 같아요. 두부조림을 만들 때면 늘 드는 생각이에요.

My Recipe

_____
_____
_____
_____
_____
_____
_____
_____
_____
_____
_____
_____
_____

스마트폰으로 QR코드를
스캔하면 요리 과정을
동영상으로 볼 수 있어요

1. 두부는 반으로 자르고 1.5cm 두께로 잘라 밑간 재료인 소금과 후춧가루를 적당량씩 솔솔 뿌린다.

2. 달군 팬에 식용유 2를 두르고 두부를 넣어 앞뒤로 노릇하게 부친다.

3. 양파는 채 썰고 청양고추는 송송 썬다.

4. 양념장 재료인 고춧가루 1, 다진 마늘 0.5, 간장 3, 맛술 2, 올리고당 1, 참기름 1을 한데 섞는다.

5. 팬에 양파를 넣고 두부부침, 양념장, 물 1컵을 붓고 중간 불에서 중간 중간 국물을 끼얹어 가면서 4~5분 정도 조린다. 마지막으로 청양고추를 넣으면 끝!

2~3인분
요리 시간 25분

주재료
두부(부침용) 1모(300g)
식용유 2
양파 1/4개(50g)
청양고추 1개(생략 가능)
물 1컵

두부 밑간 재료
소금·후춧가루 적당량씩

양념장 재료
고춧가루 1
다진 마늘 0.5
간장 3
맛술 2
올리고당 1
참기름 1

대체 식재료
청양고추 ▶ 풋고추, 피망

> **꿀팁**
>
> 두부조림에 꽈리고추를 넣거나 참나물, 냉이를 함께 넣고 조려도 맛있어요. 좋아하는 재료를 더해 다양하게 만들어 보세요.

RECIPE 21 뚝배기 달걀찜

뚝배기 달걀찜은 언제 만들어 드세요? 저는 아침 밥상에 제일 많이 냈던 요리예요. 촉촉하고 따끈하게 갓 만든 달걀찜을 아침에 내면 입맛 껄끄럽다는 아이들도 금세 밥 한 그릇을 뚝딱 비워요. 달걀찜은 자주 해줘도 질리지 않고 해줄 때마다 환호성을 지르는, 우리집 인기 메뉴예요.

My Recipe

스마트폰으로 QR코드를 스캔하면 요리 과정을 동영상으로 볼 수 있어요

> 참치한스푼이 없다면 시판 액상 조미료를 넣거나, 물 대신 멸치 다시마 육수를 사용하세요.

2인분
요리 시간 15분

1. 뚝배기에 물 1컵을 넣고 양념 재료 중에 새우젓 0.5와 참치한스푼 1을 넣고 끓인다.

2. 달걀은 볼에 풀고 쪽파는 송송 썬다.

3. 뚝배기의 물이 팔팔 끓으면 달걀물을 주르르 흘리듯 붓는다. 중간에 숟가락으로 몇 번 휘휘 저어가면서 익히다가 뚜껑을 덮는다.

4. 중간 불로 1분, 약한 불로 2~3분 정도 익혀 뚜껑을 연다. 쪽파, 참기름 약간, 후춧가루 약간을 넣고 뜨거울 때 상에 낸다.

주재료
달걀 3개
물 1컵
쪽파 적당량

양념 재료
새우젓 0.5
참치한스푼 1
참기름 약간
후춧가루 약간

대체 식재료
물 ▶ 멸치 다시마 육수
쪽파 ▶ 대파
참치한스푼 ▶ 시판 액상 조미료

22 마늘종무침

국산 마늘이 나오는 시기인 5~6월이면 마늘의 꽃줄기에 해당하는 마늘종을 만날 수 있어요. 사철 있는 중국산보다 알싸한 매운맛과 은은한 마늘 향을 지닌 국내산 마늘종은 제철일 때 많이 먹으면 좋아요. 기름에 볶는 것보다 데쳐서 양념을 해야 양념이 속까지 쏙쏙 배어 맛있어요.

My Recipe

스마트폰으로 QR코드를 스캔하면 요리 과정을 동영상으로 볼 수 있어요

1. 볼에 양념장 재료인 설탕 0.5, 고춧가루 2, 다진 마늘 0.5, 간장 1, 올리고당 1, 참기름 1, 고추장 2, 통깨 0.5를 한데 섞는다.

2. 마늘종은 4~5cm 길이로 썬다.

4인분
요리 시간 10분

주재료
마늘종 5줌(250g)
굵은소금 0.5

양념장 재료
설탕 0.5
고춧가루 2
다진 마늘 0.5
간장 1
올리고당 1
참기름 1
고추장 2
통깨 0.5

물에 헹구지 마세요.

3. 끓는 물에 굵은소금 0.5와 마늘종을 넣고 2분 정도 데친다.

4. 데친 마늘종을 체에 밭쳐 물기를 빼고 자연스럽게 식힌다.

5. 온기가 남아 있는 마늘종에 양념장을 넣고 조물조물 골고루 무치면 끝!

RECIPE 23 맛살 양파냉채

날씨가 더워지면 입맛을 돋우는 새콤달콤한 요리를 찾게 되는데요, 그럴 때 한 접시 먹으면 딱 좋은 요리예요. 김밥 싸고 남은 맛살을 이용하여 만들었는데, 샐러드인 듯 냉채 같은 별미예요. 재료의 궁합도 좋고 맛깔스러운 색의 조화에 새콤달콤한 맛까지 흠잡을 데 없어요. 씨겨자를 넣어 알싸한 맛도 나고 양파 씹히는 맛도 참 좋아요.

My Recipe

스마트폰으로 QR코드를 스캔하면 요리 과정을 동영상으로 볼 수 있어요

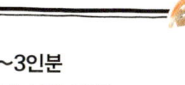

2~3인분
요리 시간 10분

주재료
크래미 맛살(김밥용) 4줄 (120g)
셀러리 1/2대(40g)
양파 1/2개

소스 재료
다진 마늘 0.5
씨겨자 0.5
설탕 1
올리고당 1
식초 2
소금 0.3
참기름 1

추가 양념 재료
깨소금 0.5
통후추 약간

대체 식재료
셀러리 ▶ 피망, 오이, 당근

1. 크래미 맛살은 길이대로 2등분하여 결대로 찢는다. 셀러리는 채 썰고 양파도 가늘게 채 썬다.

2. 소스 재료인 다진 마늘 0.5, 씨겨자 0.5, 설탕 1, 올리고당 1, 식초 2, 소금 0.3, 참기름 1을 한데 섞는다.

3. 볼에 크래미 맛살, 셀러리, 양파, 소스를 넣어 살살 무친다.

4. 추가 양념 재료인 깨소금 0.5와 통후추 약간을 갈아 넣고 가볍게 버무리면 끝!

24 미나리 버섯부침개

봄철에 마트에 가면 미나리가 지천이고, 애느타리버섯은 늘 있는
재료이니 둘을 같이 부쳤어요. 보기보다 훨씬 맛있어요.
미나리는 계절에 따라 가격 차이가 있지만, 마트에 늘 있는 재료이니
둘의 조합을 믿고 부쳐 보세요. 반죽을 적게 만들어 주인공인 미나리와 버섯
자체의 맛을 살린 부침개인데요, 부침반죽에 달걀흰자를 넣는 것이 포인트예요.
또 참나물이나 깻잎, 팽이버섯을 넣어도 맛있어요.

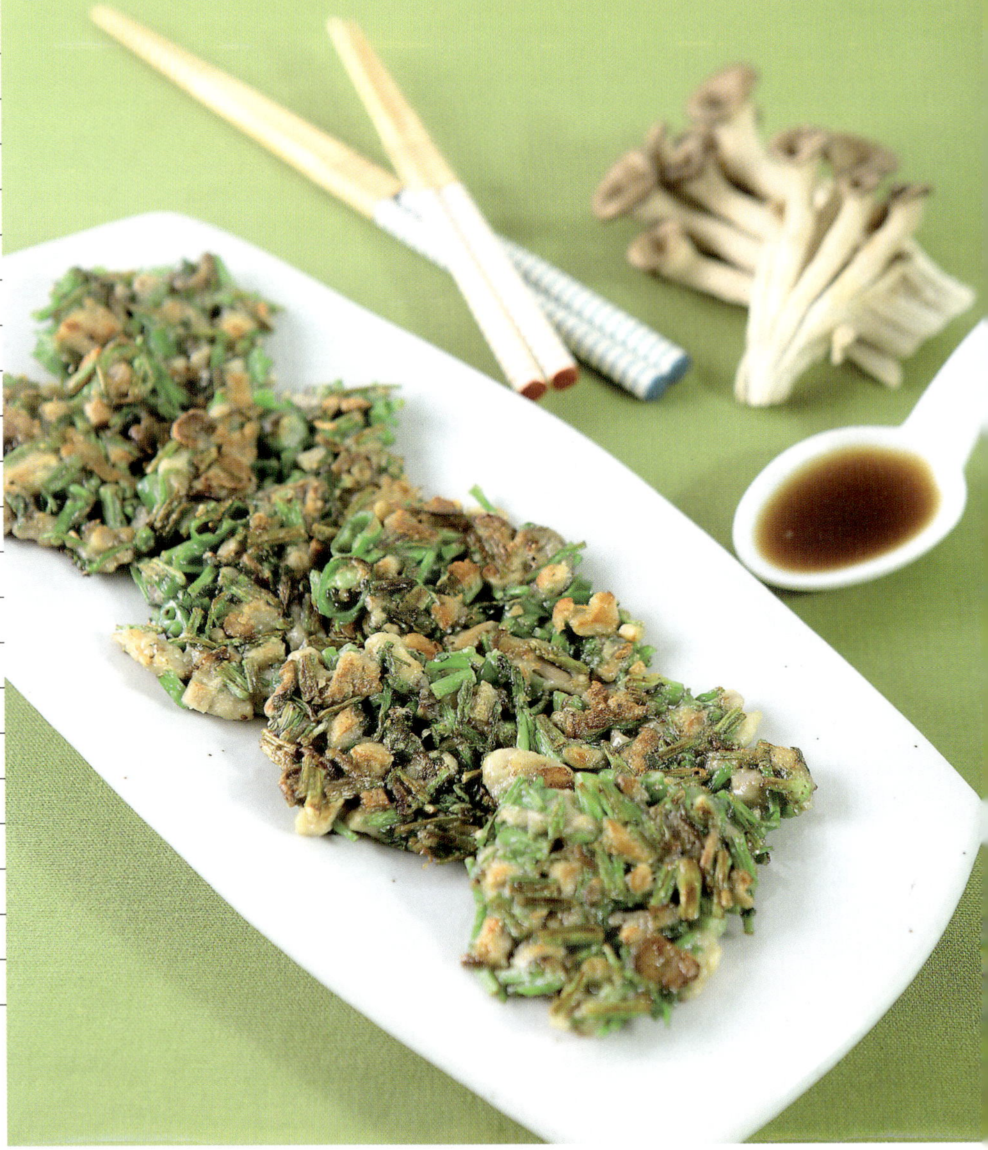

My Recipe

스마트폰으로 QR코드를
스캔하면 요리 과정을
동영상으로 볼 수 있어요

> 당근과 풋고추가 없다면 빼도 돼요. 양배추를 채 썰어 넣어도 좋아요

1. 미나리는 1cm 길이로 썰고 애느타리버섯도 1cm 길이로 잘게 다지듯 썬다. 청양고추는 송송 썬다.

2. 볼에 미나리, 애느타리버섯, 청양고추를 넣고 부침 재료인 부침가루 5, 달걀흰자 1개분, 물 2, 참치진국 0.5, 후춧가루 약간을 넣고 잘 섞어 5분 정도 둔다.

3. 달군 팬에 식용유를 넉넉하게 두르고 반죽을 떠 넣는다. 지름 6cm 크기로 평평하게 만들어 앞뒤로 노릇하게 부치면 끝!

2인분
요리 시간 30분

주재료
미나리 100g
애느타리버섯 150g
청양고추 1개
식용유 넉넉히

부침 재료
부침가루 5
달걀흰자 1개분
물 2
참치진국 0.5
후춧가루 약간

대체 식재료
미나리 ▶ 쪽파, 참나물
참치진국 ▶ 국간장

RECIPE

25 무생채

가을과 겨울에는 무가 정말 시원하고 맛있어요. 저도 모르게 무를 썰다가 와작와작 씹어 먹게 되죠. 보통 무의 줄기 쪽 푸른 부분은 생채를 만들면 좋고, 뿌리 쪽의 흰 부분은 조림을 하거나 국을 끓이면 좋아요. 그러니까 초록빛이 도는 부분은 생으로 먹는 요리로, 흰 부분은 열로 익히는 요리를 만들면 무의 깊은 맛을 잘 느낄 수 있어요. 이 요리는 한 접시 뚝딱 만들어 즉석에서 먹는 무생채랍니다.

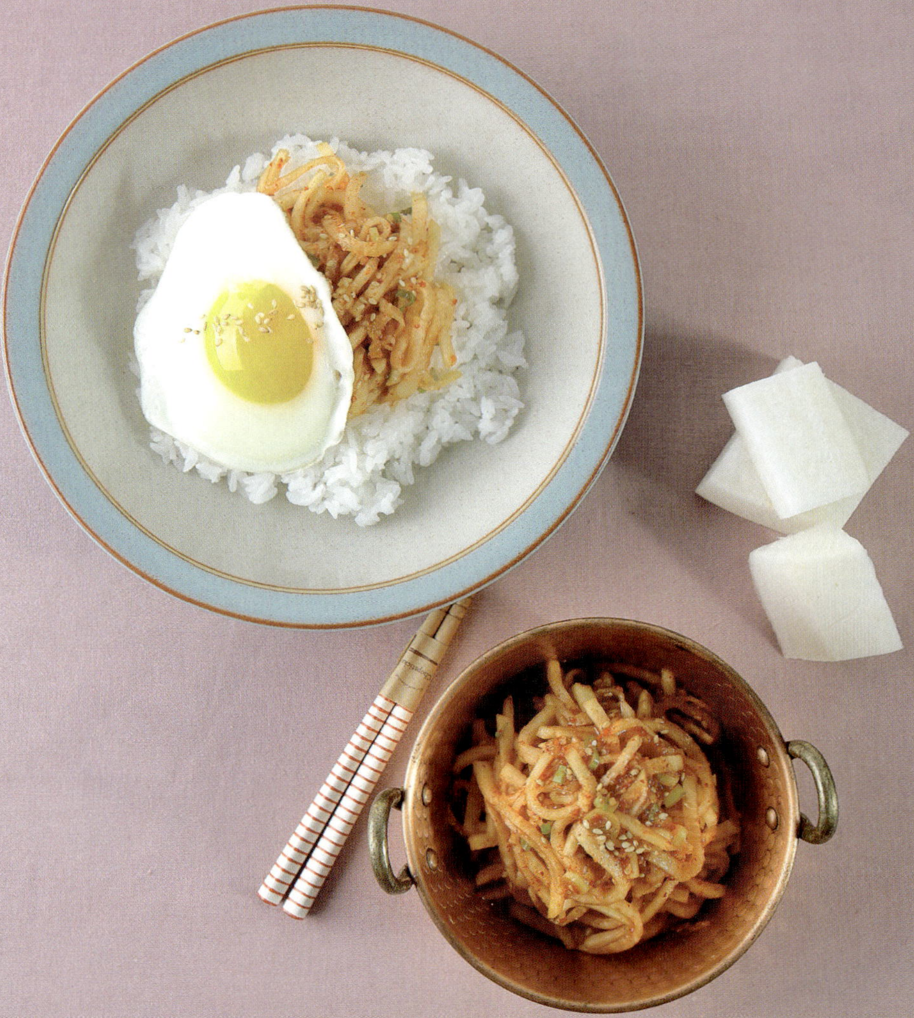

My Recipe

스마트폰으로 QR코드를 스캔하면 요리 과정을 동영상으로 볼 수 있어요

1. 무는 푸른 부분으로 준비해 가늘게 채 썬다.

참기름은 넣지 않는 것이 깔끔해서 생략했어요.

2. 채 썬 무를 볼에 담고 양념 재료인 송송 썬 대파 2, 다진 마늘 0.5, 고춧가루 1, 설탕 1, 식초 1, 초피액젓 2, 통깨 0.5를 넣는다.

3. 조물조물 무치면 끝!

2인분
요리 시간 10분

주재료
무 1토막(200g)

양념 재료
송송 썬 대파 2
다진 마늘 0.5
고춧가루 1
설탕 1
식초 1
초피액젓 2
통깨 0.5

대체 식재료
초피액젓 ▶ 까나리액젓

26 무 오이피클

김치보다 쉽고 만만한 피클! 고기와 먹어도 좋고 파스타 먹을 때도 좋고 또 김밥 먹을 때도 좋은 청량감이 드는 피클이에요. 피클은 선물하기에도 참 좋아 한 번 만들면 두루두루 쓸 수 있는 히트 레시피랍니다.

My Recipe

스마트폰으로 QR코드를 스캔하면 요리 과정을 동영상으로 볼 수 있어요

10인분
요리 시간 20분

주재료
무(작은 것) 1개(1kg)
오이 3개
청양고추 4개
레몬 1개(생략 가능)

배합초 재료
피클링 스파이스 1
굵은소금 2
설탕 2컵
식초 2컵
물 3컵

추가 재료
계피 2조각(생략 가능)

대체 식재료
오이 ▶ 셀러리

1 무는 손가락 마디만 한 크기로 자르고 오이는 1cm 폭으로 썬다.

2 청양고추는 송송 썰고 레몬은 슬라이스한다.

> 계피가 있으면 2조각 정도 넣어요.

3 냄비에 배합초 재료인 피클링 스파이스 1, 굵은소금 2, 설탕 2컵, 식초 2컵, 물 3컵을 넣고 가볍게 섞어 끓인다. 바글바글 끓으면 불을 끄고 미지근하게 식힌다.

4 큼직한 볼에 무, 오이, 청양고추, 레몬을 넣고 미지근하게 식힌 배합초를 붓는다.

> 배합초가 속까지 잘 배도록 중간 중간 위아래로 뒤적이며 섞어주세요.

> 며칠 지나서 먹으면 더 맛있어요.

5 실온에서 5~6시간 정도 둔다.

6 잘 절여진 피클을 보관통에 넣어 냉장실에 넣었다가 하루 지나서부터 먹으면 끝!

RECIPE

27 배추무침

노란 속이 보이는 달고 고소한 알배추 참 맛있죠? 알배추만 즉석에서 무쳐 먹으면 풋풋하니 얼마나 맛있는지 몰라요. 따끈한 밥 한 그릇에 알배추무침만으로도 기분 좋은 식사를 할 수 있어요. 바로 즉석에서 무쳐 모두 먹어야 직성이 풀릴 만큼 자꾸 집어먹게 되는 레시피에요.

My Recipe

스마트폰으로 QR코드를 스캔하면 요리 과정을 동영상으로 볼 수 있어요

3~4인분
요리 시간 10분

주재료
알배추 잎 8장(350g)

양념 재료
고춧가루 3
다진 마늘 1
식초 1
초피액젓 3
올리고당 2
참기름 2
통깨 1

대체 식재료
초피액젓 ▶ 까나리액젓

1. 양념 재료인 고춧가루 3, 다진 마늘 1, 식초 1, 초피액젓 3, 올리고당 2, 참기름 2, 통깨 1을 한데 섞는다.

2. 알배추 잎은 한입 크기로 먹기 좋게 자른다.

3. 양념에 알배추 잎을 넣고 양념이 고루 묻도록 조물조물 무치면 끝!

RECIPE 28 배추볶음

배추볶음 드셔 보셨어요? 배추에 양념을 넣고 볶았을 뿐인데, 그 맛이 상상을 초월합니다. 모두가 기대를 안 하고 먹었다가 결국 이 반찬 하나로 밥 한 그릇 뚝딱 비우더라고요. '배추를 볶았는데 이런 맛이 나오다니!'라며 깜짝 놀라서 감탄사를 자아낼 반찬이에요.

My Recipe

스마트폰으로 QR코드를
스캔하면 요리 과정을
동영상으로 볼 수 있어요

1 알배추 잎은 먹기 좋게 1.5cm 길이로 썰고 대파는 송송 썬다.

2 볼에 양념장 재료인 고춧가루 1, 다진 마늘 1, 간장 3, 고추장 1, 올리고당 2, 참기름 1을 한데 섞는다.

3 달군 팬에 식용유 1을 두르고 알배추 잎을 넣고 센 불에 2~3분 정도 달달 볶는다.

4 양념장을 넣고 재료와 잘 섞이도록 재빨리 볶다가 마지막으로 송송 썬 대파, 통깨 0.5를 넣고 골고루 섞으면 끝!

밥 위에 올리면 배추볶음덮밥으로 먹을 수 있어요.

2~3인분
요리 시간 20분

주재료
알배추 잎 6장(300g)
대파 1/2대
식용유 1
통깨 0.5

양념장 재료
고춧가루 1
다진 마늘 1
간장 3
고추장 1
올리고당 2
참기름 1

대체 식재료
대파 ▶ 쪽파

RECIPE

29 부추 부침개

비오는 날에 부침개를 부치면 기름 냄새는 코를 자극하고 입가에는 침이 절로 고여요. 언젠가 비가 오던 날 사무실에서 때마침 부쳤던 부추 부침개는 케이크나 다른 맛있는 먹거리를 제치고 금방 빈 그릇을 드러낸 적이 있어요. 빈 그릇을 보며 제가 한마디 했어요. "내가 부침개는 좀 해요"라고요. 친정엄마께 배운 비법이 있거든요. 그 비법을 알려드릴게요.

My Recipe

스마트폰으로 QR코드를 스캔하면 요리 과정을 동영상으로 볼 수 있어요

> 당근과 청양고추가 없다면 빼도 돼요. 양배추를 채 썰어 넣어도 좋아요

1. 반죽 재료인 부침가루 2컵, 얼음물 2컵, 참치진국 1을 한 데 섞는다.

2. 부추는 5cm 간격으로 썰고 양파와 당근은 채 썰고 청양 고추는 송송 썬다.

2~3인분
요리 시간 30분

주재료
부추 4줌(200g)
양파 1/2개(100g)
당근 1/6개(30g)
청양고추 2개
식용유 넉넉히

반죽 재료
부침가루 2컵
얼음물 2컵
참치진국 1

대체 식재료
부추 ▶ 애호박
참치진국 ▶ 국간장

3. 반죽에 부추, 양파, 당근, 청양 고추를 넣고 골고루 섞는다.

4. 달군 팬에 식용유를 넉넉하게 두르고 반죽을 최대한 넓고 얇게 편다. 중간 불에 2분 정도 부쳐서 뒤집어 다시 2분 정도 부치면 끝!

꿀팁

❶ 부침 반죽에는 얼음물을 넣어야 바삭바삭해요.

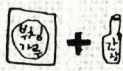
❷ 부침가루에 간이 되어 있더라도 넣는 재료의 양이 많기 때문에 따로 국간장이나 참치진국으로 간을 해줘야 맛이 살아요.

❸ 팬에 기름을 넉넉히 두르고 달구어 부쳐야 바삭하게 잘 부쳐져요.

❹ 부침 반죽을 팬에 올릴 때에도 최대한 얇게 펼쳐서 부쳐야 식어도 쫄깃하고 맛있어요.

RECIPE 30 브로콜리볶음

브로콜리는 양껏 많이 먹기 힘든데, 이렇게 먹으니 제대로 밥반찬이 되더라고요. 일하면서 근처 식당에 갔는데, 반찬으로 나온 브로콜리볶음이 너무 맛있어서 여러 번 추가해 먹었어요. 햄이나 베이컨을 조금만 더해서 볶았을 뿐인데, 브로콜리 씹히는 맛이 아주 특별해요.

My Recipe

스마트폰으로 QR코드를 스캔하면 요리 과정을 동영상으로 볼 수 있어요

물기는 꼭 짜지 않아도 돼요.

1. 브로콜리는 먹기 좋게 송이송이 자른다. 끓는 물에 굵은소금 0.5와 브로콜리를 넣어 30초 정도 데친다. 베이컨은 2cm 폭으로 썬다.

2. 데친 브로콜리는 찬물에 두어 번 헹궈 물기를 자연스럽게 뺀다.

3. 달군 팬에 식용유 2를 두르고 다진 마늘 1을 넣고 기름에 마늘 향이 나도록 달달 타지 않게 볶다가 베이컨을 넣고 볶는다.

4. 브로콜리 데친 것을 넣고 1분 정도 달달 볶다가 나머지 양념 재료인 굴소스 1, 맛술 2, 물 5를 넣고 3~4분 정도 볶는다. 후춧가루 약간과 깨소금 0.5를 넣고 재빨리 섞으면 끝!

2~3인분
요리 시간 20분

주재료
브로콜리 1송이(200g)
굵은소금 0.5
베이컨 2장

양념 재료
식용유 2
다진 마늘 1
굴소스 1
맛술 2
물 5
후춧가루 약간
깨소금 0.5

대체 식재료
굴소스 ▶ 참치진국

RECIPE 31 브로콜리 아몬드 샐러드

브로콜리는 이상하게 메인 식재료로 대접을 받지 못하죠. 브로콜리를 그나마 맛있게 먹으려면 이 요리에 주목하세요. 브로콜리와 씹히는 식감이 좋은 아몬드 등의 견과류를 넣고 요구르트 드레싱에 무쳐보세요. 반찬 삼아 먹어도 좋고 그냥 한 끼 식사 대용 샐러드로 먹어도 좋아요.

My Recipe

스마트폰으로 QR코드를 스캔하면 요리 과정을 동영상으로 볼 수 있어요

> 브로콜리는 최대한 물기를 꼭 짜야 물이 많이 생기지 않아요.

1. 브로콜리는 먹기 좋게 송이송이 자른다. 끓는 물에 굵은소금 0.5와 브로콜리를 넣어 20초 정도 데쳐 찬물에 헹궈 물기를 꼭 짠다.

2. 브로콜리에 양념 재료인 설탕 0.5와 소금 약간을 넣어 밑간을 한다.

3. 아몬드는 칼로 2~3등분한다.

4. 브로콜리에 드레싱 재료인 마요네즈 2, 플레인 요구르트 3, 레몬즙 0.5를 넣는다. 아몬드를 넣어 골고루 버무리면 끝!

1~2인분
요리 시간 15분

주재료
브로콜리(큰 것) 1/2송이(100g)
굵은소금 0.5
아몬드 20개

- - - - - - - - - - - - - - - - -

브로콜리 양념 재료
설탕 0.5
소금 약간

- - - - - - - - - - - - - - - - -

드레싱 재료
마요네즈 2
플레인 요구르트 3
레몬즙 0.5

RECIPE 32 상추 겉절이

삼겹살이나 쌈밥의 조연으로 활약하는 상추도 훌륭한
요리 재료가 될 수 있어요. 상추를 겉절이로 만들어 숨이 죽어
늘어진 것을 따끈한 밥에 얹어 먹으면 한없이 먹게 돼요.
구수한 누룽지에 곁들여도 꿀맛이에요.
짜지기 쉬우니 심심하게 무쳐야 해요.

My Recipe

스마트폰으로 QR코드를
스캔하면 요리 과정을
동영상으로 볼 수 있어요

4인분
요리 시간 30분

주재료
상추 60장 정도(300g)

양념장 재료
다진 홍고추 2
다진 풋고추 2
다진 쪽파 3
다진 마늘 0.5
고춧가루 1
설탕 0.5
식초 1
맛술 2
간장 3
초피액젓 2
참기름 1

대체 식재료
쪽파 ▶ 대파
초피액젓 ▶ 까나리액젓

1. 상추는 줄기 끝 부분을 잘라 내고 깨끗하게 씻어 물기를 탈탈 턴다.

2. 볼에 양념장 재료인 다진 홍고추 2, 다진 풋고추 2, 다진 쪽파 3, 다진 마늘 0.5, 고춧가루 1, 설탕 0.5, 식초 1, 맛술 2, 간장 3, 초피액젓 2, 참기름 1을 한데 섞는다.

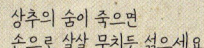
상추의 숨이 죽으면 손으로 살살 무치듯 섞으세요.

3. 큰 볼에 상추를 4~5장씩 넣고 양념장을 한 숟가락씩 얹는 과정을 반복한다.

꿀팁

갓 무쳐서 먹는 것보다 숨이 살짝 죽고 상추에 양념이 배어들면 더 맛있어요. 넉넉하게 만들어 냉장고에 일주일 정도 보관했다가 먹어도 좋아요.

RECIPE

33 새송이버섯 양념구이

새송이버섯을 모양대로 썰어 양념까지 더해 먹음직스럽게 구웠어요.
버섯을 큼직하게 썰어 굽고 친근한 맛의 양념을 더하니
맛도 예술이지만 폼 나게 담으면 먹기 전에 눈부터 호강해요.
손님상에 대도 손색없는 반찬이에요.

My Recipe

스마트폰으로 QR코드를
스캔하면 요리 과정을
동영상으로 볼 수 있어요

1. 볼에 양념장 재료인 고춧가루 1, 다진 마늘 0.5, 간장 1, 고추장 1, 맛술 1, 올리고당 2, 참기름 1을 한데 섞는다.

2. 새송이버섯은 길이로 모양을 살려 썬다.

3. 달군 팬에 식용유를 적당히 두르고 새송이버섯을 넣어 앞뒤로 노릇하게 바짝 굽는다.

4. 양념장을 버섯 군데군데 펴 바르고 앞뒤로 살짝 더 굽는다. 새송이버섯구이를 접시에 담고 송송 썬 쪽파와 통깨를 솔솔 뿌리면 끝!

2~3인분
요리 시간 20분

주재료
새송이버섯 4개(300g)
식용유 2
쪽파 1대
통깨 0.3

양념장 재료
고춧가루 1
다진 마늘 0.5
간장 1
고추장 1
맛술 1
올리고당 2
참기름 1

RECIPE 34 새송이버섯초무침

새콤달콤하게 무친 새송이버섯 반찬입니다. 새송이버섯으로 똑같이 요리해도 맛이 확 다른 이유는 바로 양념과 조리법의 차이! 초고추장을 이용해 상큼하게 무쳐서 먹는, 씹는 맛이 참 좋은 버섯초무침입니다. 데쳐서 초고추장 양념에 무친 버섯은 보기만 해도 침이 꼴깍! 따끈한 밥에 먹으면 밥 한 그릇 뚝딱입니다.

My Recipe

스마트폰으로 QR코드를
스캔하면 요리 과정을
동영상으로 볼 수 있어요

3~4인분
요리 시간 15분

주재료
새송이버섯 3개(240g)
쪽파 1대

- - - - - - - - - - - - - - -

양념장 재료
고춧가루 1
다진 마늘 0.5
설탕 0.5
식초 1
올리고당 1
고추장 1
참기름 1
통깨 0.5

- - - - - - - - - - - - - - -

대체 식재료
새송이버섯 ▶ 애느타리버섯
쪽파 ▶ 대파

1. 새송이버섯은 먹기 좋게 길이로 반 잘라 3~4등분한다. 쪽파는 송송 썬다.

2. 냄비에 넉넉하게 잠길 만큼 물을 넣고 끓여 팔팔 끓으면 새송이버섯을 넣고 1분 정도 데친다.

3. 데친 버섯은 찬물에 헹구어 손으로 물기를 꾹 짠다.

4. 볼에 양념장 재료인 고춧가루 1, 다진 마늘 0.5, 설탕 0.5, 식초 1, 올리고당 1, 고추장 1, 참기름 1, 통깨 0.5를 한데 섞는다.

5. 양념에 데친 새송이버섯과 송송 썬 쪽파를 넣고 조물조물 무치면 끝!

35 생선구이

저는 생선살의 육즙을 고스란히 지키면서 겉은 바삭바삭하게 먹는 것을 즐겨요. 생선구이는 보통 밀가루나 부침가루를 묻혀 튀기듯 구워 먹어요. 밀가루에 카레가루를 섞으면 카레 향이 생선의 비린 맛을 없애 맛이 훨씬 좋아진답니다. 와사비 간장 소스까지 곁들이면 맛있게 밥 한 그릇을 뚝딱 비울 수 있어요.

My Recipe

스마트폰으로 QR코드를 스캔하면 요리 과정을 동영상으로 볼 수 있어요

2~3인분
요리 시간 20분

주재료
삼치 3토막(300g)
식용유 넉넉히

부침옷 재료
밀가루 3
카레가루 1(생략 가능)

간장 소스 재료
간장 1
레몬즙 0.5
연와사비 0.3

대체 식재료
삼치 ▶ 고등어, 갈치 등
밀가루 ▶ 부침가루

1. 손질한 삼치는 찬물에 헹궈 키친타월로 물기를 톡톡 닦아낸다. 껍질 쪽에 칼집을 낸다.

2. 부침옷 재료인 밀가루 3과 카레가루 1을 고루 섞는다.

3. 칼집을 낸 삼치에 부침옷 재료를 꼼꼼히 묻힌 다음 살살 털어낸다.

너무 센 불에서 구우면 타기 쉬워요.

4. 중약 불로 달군 팬에 식용유를 넉넉하게 두르고 부침옷을 입힌 삼치를 넣고 앞뒤로 노릇하게 구워 접시에 담는다.

5. 간장 소스 재료인 간장 1, 레몬즙 0.5, 연와사비 0.3을 섞어 곁들이면 끝!

36 셀러리 장아찌

셀러리 아시죠? 예전부터 마요네즈 광고에 빠지지 않고 등장하는 채소요! 셀러리로 장아찌를 만들면 그 맛이 아주 좋아요. 손님상과 캠핑장에서 고기와 함께 냈더니 반응이 폭발적이었어요. 셀러리를 장아찌로 만드는 것에 놀라워하고, 또 아삭하면서도 강하지 않은 맛에 반하고! 맛이 진짜 궁금하시죠? 셀러리 줄기와 잎까지 모두 써서 알차게 만들어 볼게요.

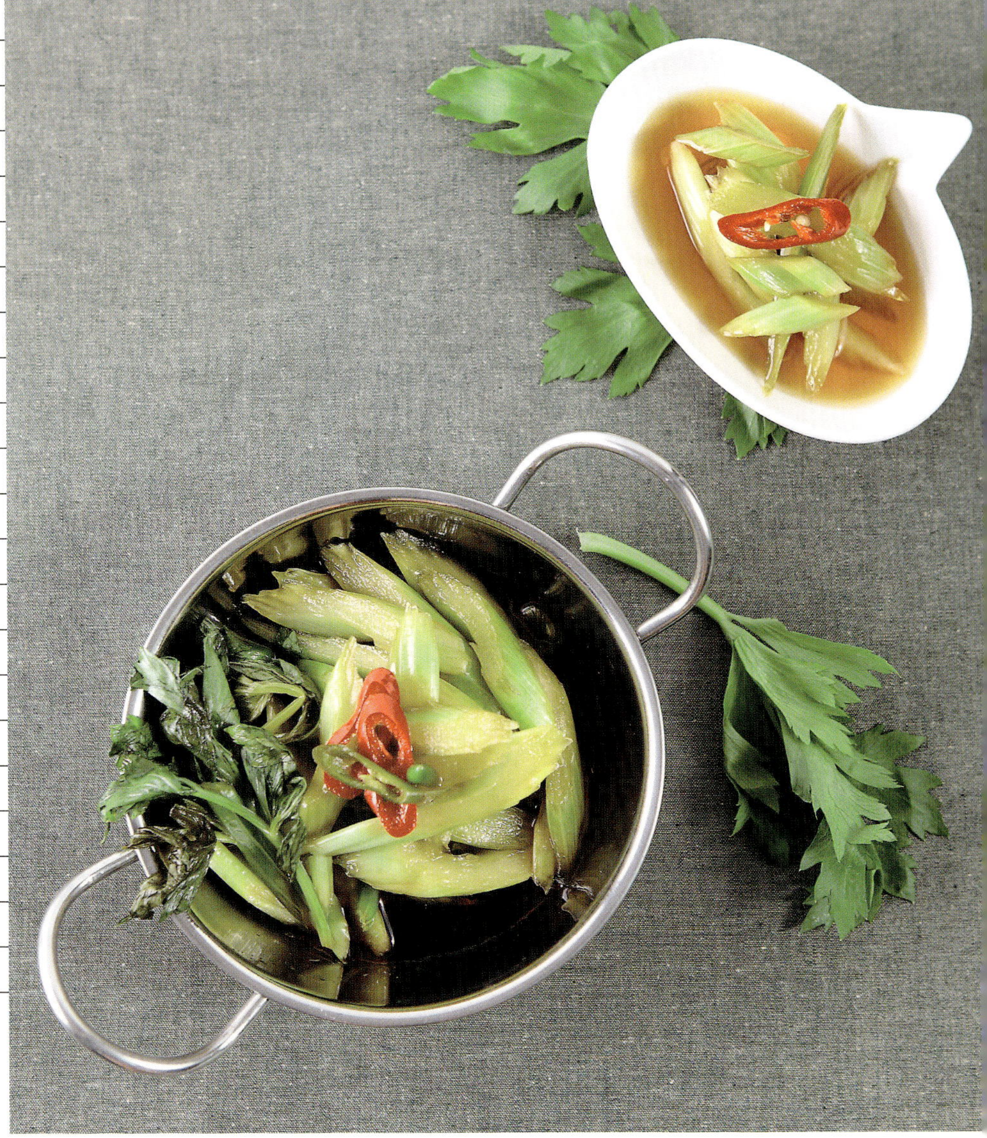

My Recipe

스마트폰으로 QR코드를 스캔하면 요리 과정을 동영상으로 볼 수 있어요

**30인분
요리 시간 20분**

주재료
셀러리 1~1.2kg
홍고추 1개
청양고추 1개

절임물 재료
굵은소금 0.5
설탕 1컵+1/2컵
식초 1컵+1/2컵
간장 1/2컵
청주 1컵
물 1컵

대체 식재료
셀러리 ▶ 양파
홍고추, 청양고추 ▶ 풋고추, 마른 고추

> 셀러리는 줄기와 잎을 모두 사용해요.

1 셀러리 잎은 먹기 좋게 자르고 줄기는 0.5cm 두께로 어슷하게 썬다. 홍고추와 청양고추는 어슷하게 썬다.

2 냄비에 절임물 재료인 굵은소금 0.5, 설탕 1컵+1/2컵, 식초 1컵+1/2컵, 간장 1/2컵, 청주 1컵, 물 1컵을 넣고 끓인다. 팔팔 끓으면 1분 정도 더 끓인다.

> 배합초는 뜨거울 때 부어야 더 아삭아삭해요.

3 볼에 셀러리, 홍고추, 청양고추를 넣고 절임물을 뜨거울 때 붓는다.

4 중간 중간 뒤적이면서 반나절(6시간) 정도 실온에 두었다가 통에 옮겨 담는다. 냉장고에 넣어 다음 날부터 먹으면 끝!

RECIPE 37 쇠고기 불고기

우리나라를 대표하는 고기 요리를 꼽으라면 단연코 불고기죠.
의외로 불고기 양념을 어려워하는 분들이 많으시더라고요.
제가 매번 만들어 먹는 쇠고기 불고기의 황금 레시피는 이러합니다.
쇠고기 불고기 하나 잘 재워 두면 이것이 만능 재료라는 것을
아실 거예요. 바싹 불고기, 불고기 전골, 불고기 샌드위치, 불고기 김밥,
불고기 볶음밥 등에 넣으면 엄청난 맛의 힘을 발휘해요.
음식을 더욱 맛깔스럽게 하고 보기에도 푸짐해요.

My Recipe

스마트폰으로 QR코드를
스캔하면 요리 과정을
동영상으로 볼 수 있어요

4~6인분
요리 시간 20분

주재료
쇠고기(불고깃감) 1근(600g)
양파 1/2개
대파 1/3대
새송이버섯 2개(200g)

1차 양념 재료
배즙 4
청주 3

2차 양념장 재료
다진 마늘 2
다진 파 2
간장 6
굴소스 1
설탕 1
올리고당 3
맛술 2
청주 2
참기름 2
후춧가루 0.3
생강즙 0.3(생략 가능)

대체 식재료
새송이버섯 ▶ 애느타리버섯
배즙 ▶ 사과즙, 양파즙
굴소스 ▶ 참치진국
생강즙 ▶ 생강가루

1. 쇠고기는 먹기 좋게 잘라 키친타월로 핏물을 뺀다.

2. 1차 양념 재료인 배즙 4와 청주 3을 넣고 조물조물 무쳐 5분 정도 재운다.

3. 쇠고기에 2차 양념장 재료인 다진 마늘 2, 다진 파 2, 간장 6, 굴소스 1, 설탕 1, 올리고당 3, 맛술 2, 청주 2, 참기름 2, 후춧가루 0.3, 생강즙 0.3을 한데 넣고 조물조물 양념한다.

4. 냄비에 쇠고기를 넣고 양파, 대파, 새송이버섯을 적당한 크기로 썰어 넣고 센 불에 달달 볶으면 끝!

 꿀팁

❶ 불고기의 기본 간은 아주 약간 세게 했어요. 양파나 버섯 등을 함께 넣고 볶으라고요. 심심하게 먹고 싶다면 간장을 1순가락만 빼세요.

❷ 배, 사과, 양파를 강판에 갈아 즙만 짜서 넣기 귀찮다면 시판되는 배주스나 사과주스를 넣거나 봉지에 든 사과즙이나 배즙을 이용해도 좋아요.

❸ 불고기를 재워 두었다가 한꺼번에 다 볶지 말고 먹을 때마다 양에 맞게 조리하세요. 양념한 불고기에 멸치 다시마 육수와 불린 당면을 넣고 뚝배기 불고기로 먹어도 맛있어요.

38 숙주 베이컨볶음

숙주를 정말 좋아해서 혼자서 한 근(400g)은 너끈히 먹어요.
숙주를 기름에 재빨리 볶아내는 조리법을 선호한답니다.
특히 베이컨과 같이 볶으면 훨씬 더 맛있어요. 뚝딱 만들 수 있는데,
비주얼을 보면 괜히 있어 보이는 반찬에, 맛까지 좋아 항상 인기예요.

My Recipe

스마트폰으로 QR코드를
스캔하면 요리 과정을
동영상으로 볼 수 있어요

> 한 끼 먹을 양만 볶아야 맛있게 먹을 수 있어요.

2인분
요리 시간 10분

주재료
숙주 3줌(200g)
베이컨 4장(70g)
마늘 3쪽

양념 재료
식용유 1
굴소스 1
참기름 0.5
후춧가루 약간
통깨 0.3

대체 식재료
굴소스 ▶ 참치진국

1 숙주는 씻어서 물기를 뺀다. 베이컨은 3cm 폭으로 자르고 마늘은 굵게 다진다.

2 달군 팬에 식용유 1을 두르고 굵게 다진 마늘을 넣어 중간 불로 타지 않게 볶는다.

3 베이컨을 넣고 베이컨에서 기름이 나오도록 볶는다.

4 베이컨이 다 익으면 숙주를 넣고 센 불에 30초 정도 볶는다.

5 굴소스 1, 참기름 0.5, 후춧가루 약간을 넣고 재빨리 볶는다. 불을 끄고 통깨 0.3을 솔솔 뿌리면 끝!

꿀팁

❶ 숙주는 센 불에 재빨리 볶아야 아삭아삭함을 살릴 수 있어요.

❷ 굴소스는 브랜드에 따라 간이 다르니 양을 조절해서 넣으세요. 이 책에서는 친환경 매장에서 판매하는 굴소스를 사용했어요.

❸ 베이컨을 넣지 않고 숙주만 볶는다면 300g을 넣으세요.

RECIPE

39 시금치무침

시금치무침이 정말 맛있는 음식이라는 것을 어른이 되어서야 알았어요.
친정엄마는 시금치무침을 진짜 뚝딱뚝딱 맛있게 무치세요.
맛있게 만드는 방법은 살짝 데쳐서 찬물에 헹군 다음 푸릇푸릇함을 살려 생생하고 풋풋하게 무칠 것! 저도 이제는 시금치 모양만 봐도 좋은지 아닌지 알 수 있는 베테랑이 되었답니다.

My Recipe

스마트폰으로 QR코드를
스캔하면 요리 과정을
동영상으로 볼 수 있어요

**2접시 분량
요리 시간 20분**

주재료
시금치(다듬은 것) 350g
당근 1/4개
굵은소금 1

양념 재료
초피액젓 1
다진 마늘 1
다진 파 2
올리고당 0.3
소금 약간(0.2 정도)
참기름 2
통깨 0.5
후춧가루 약간

대체 식재료
초피액젓 ▶ 국간장

1. 시금치는 뿌리를 잘라 다듬어 씻는다. 당근은 채 썬다.

2. 끓는 물에 굵은소금 1을 넣고 끓인다. 팔팔 끓으면 체에 당근 썬 것을 넣고 10초 정도 데친다.

시금치는 살짝만 데치세요.

3. 당근 데친 물에 시금치를 넣고 5초 정도 데친 다음 뒤집어 5초 정도 데친다.

4. 데친 시금치는 체에 밭쳐 찬물에 재빨리 서너 번 헹궈 물기를 꼭 짠다. 시금치를 살살 풀어 볼에 넣고 데친 당근도 넣는다.

5. 양념 재료인 초피액젓 1, 다진 마늘 1, 다진 파 2, 올리고당 0.3, 소금 약간을 먼저 넣고 조물조물 무친다.

6. 간이 밴 시금치무침에 참기름 2, 통깨 0.5, 후춧가루 약간을 넣고 조물조물 무치면 끝!

40 시금치 새우볶음

시금치를 사면 데쳐서 무칠 생각보다는 그냥 볶아야겠다는 생각을 자주 해요. 왜냐하면 볶은 시금치가 진짜 맛있거든요. 드셔 보신 분들만 알아요! 게다가 새우살까지 넣어서 볶았으니 얼마나 맛있겠어요? 본래 시금치볶음에는 태국의 피시 소스를 넣어야 하는데요, 우리 양념인 간장이나 액젓으로 볶아도 나름 맛있어요. 저를 믿고 만들어 보세요.

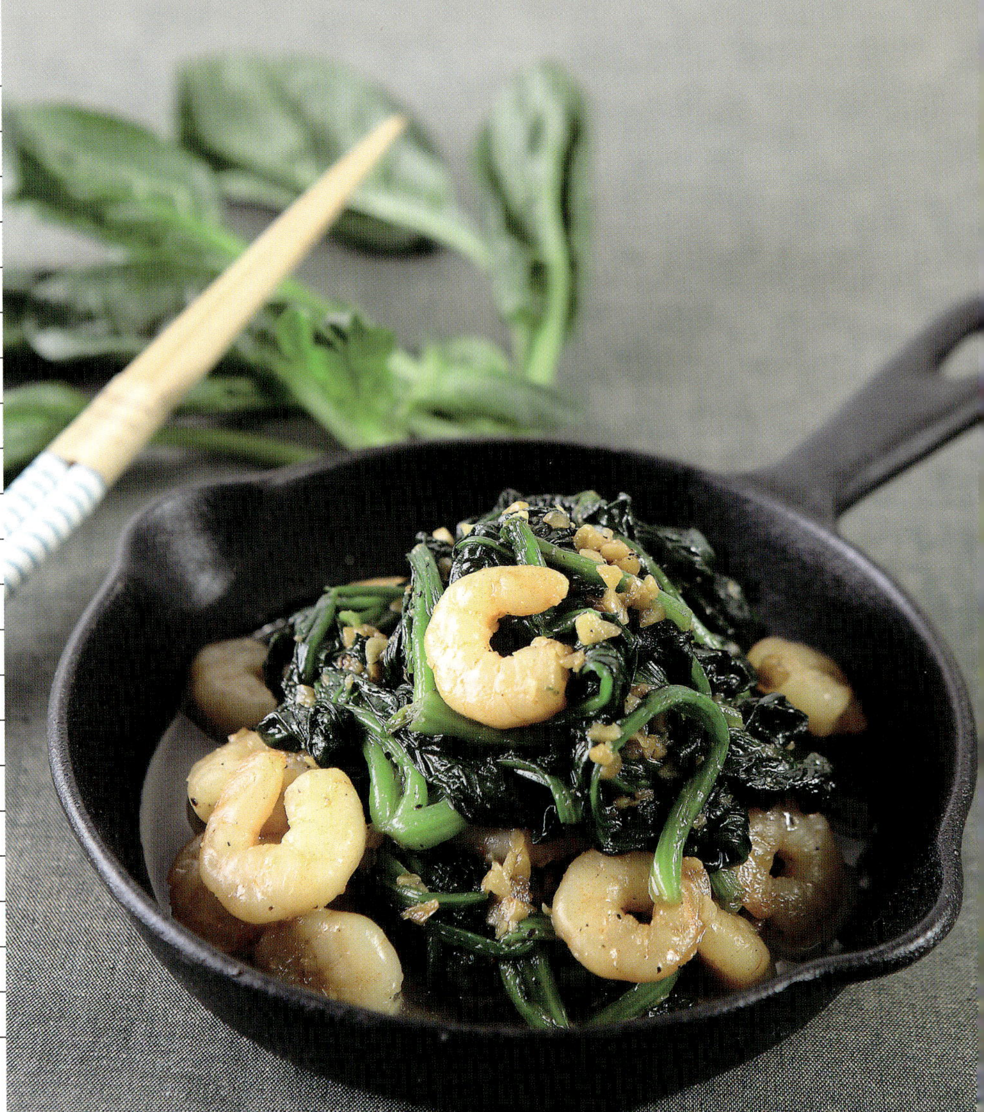

My Recipe

스마트폰으로 QR코드를 스캔하면 요리 과정을 동영상으로 볼 수 있어요

1. 시금치는 뿌리를 다듬어 씻어서 물기를 뺀다. 새우살은 찬물에 헹궈 물기를 뺀다.

2. 볼에 양념장 재료인 설탕 0.3, 간장 1, 맛술 1, 참기름 1, 통후추 약간을 한데 섞는다.

3. 달군 팬에 식용유 2와 다진 마늘 1을 두르고 타지 않게 달달 볶는다.

4. 새우살을 넣고 마늘의 맛과 향이 배도록 2분 정도 달달 볶는다.

5. 시금치를 넣고 전체적으로 재료가 잘 섞이도록 1분 정도 볶는다.

6. 미리 섞어 놓은 양념장을 넣고 간이 배도록 1~2분 정도 달달 볶으면 끝!

2인분
요리 시간 15분

주재료
시금치 1단(200g)
새우살 2/3컵(100g)

양념장 재료
설탕 0.3
간장 1
맛술 1
참기름 1
통후추 약간

추가 양념 재료
식용유 2
다진 마늘 1

대체 식재료
새우살 ▶ 베이컨, 햄, 크래미 맛살

RECIPE

41 애호박 새우젓볶음

여름에는 호박이 진짜 저렴해요. 여러 가지 스타일로 호박을 볶아 먹어봐도 새우젓을 넣은 볶음이 역시나 최고예요. 설컹설컹 맛있게 양념된 애호박볶음을 알려드릴게요. 별 다른 양념 없어도 새우젓 덕분에 맛이 팍팍 살아요. 짭조름하면서도 새우젓 단맛의 향연이라고나 할까요?

My Recipe

스마트폰으로 QR코드를 스캔하면 요리 과정을 동영상으로 볼 수 있어요

3~4인분
요리 시간 20분

주재료
애호박 1개
양파(작은 것) 1/4개
홍고추 1/3개
식용유 2

양념 재료
다진 파 2
다진 마늘 1
새우젓 1
맛술 1
참기름 1
후춧가루 적당량

대체 식재료
홍고추 ▶ 청양고추

1. 애호박은 반달 모양으로 도톰하게 썬다. 양파는 굵게 채 썰고 홍고추는 송송 썬다.

2. 양념 재료인 다진 파 2, 다진 마늘 1, 새우젓 1, 맛술 1, 참기름 1, 후춧가루 적당량을 한데 섞는다.

3. 달군 팬에 식용유 2를 두르고 애호박과 양파를 넣어 말캉하게 익을 때까지 4~5분 정도 볶는다.

4. 양념과 홍고추를 넣고 1분 정도 더 볶으면 끝!

RECIPE 42 약고추장

약고추장은 한 번 만들어 놓으면 정말 만능이에요. 쌈밥에 넣어 먹어도 좋고, 반찬 없을 때 달걀프라이 하나 해서 따끈한 밥에 넣고 비벼 먹어도 좋아요. 고추장에 쇠고기를 넣고 볶은 것이라 채소만 듬뿍 넣고 비벼 먹는 맛도 별미예요. 짠 약고추장보다는 재료를 넉넉히 넣은 심심한 것을 좋아해서 제 스타일로 만들어 보았어요.

My Recipe

스마트폰으로 QR코드를 스캔하면 요리 과정을 동영상으로 볼 수 있어요

5~6인분
요리 시간 20분

1. 쇠고기는 다진 것으로 준비해 키친타월로 톡톡 닦아 핏물을 살짝 뺀다. 양파는 잘게 다진다.
2. 쇠고기에 분량의 밑간 재료인 설탕 1, 다진 마늘 1, 맛술 3, 후춧가루 약간을 넣고 조물조물 양념한다.
3. 달군 팬에 식용유 1을 두르고 다진 양파를 넣고 달달 볶는다.

> 청주를 넣으면 고기의 잡내도 없애고 농도도 조절할 수 있어요.

4. 쇠고기를 넣고 쇠고기가 충분히 익을 때까지 센 불로 볶는다.
5. 양념 재료인 고추장 6, 올리고당 2, 청주 4, 참기름 1, 통깨 0.5를 넣고 가볍게 볶으면 끝!

주재료
쇠고기(다진 것) 200g
양파 1/2개

쇠고기 밑간 재료
설탕 1
다진 마늘 1
맛술 3
후춧가루 약간

양념 재료
식용유 1
고추장 6
올리고당 2
청주 4
참기름 1
통깨 0.5

대체 식재료
쇠고기 ▶ 돼지고기
올리고당 ▶ 꿀

꿀팁

❶ 보슬보슬하게 볶은 약고추장만 넣고 꼬마김밥을 돌돌 말아도 맛있어요.

❷ 냉장고에 보관했다가 집에 있는 양파즙, 양배추즙, 사과즙 등을 약간 섞으면 촉촉하게 먹을 수 있어요.

❸ 취향에 맞는 재료와 약고추장을 넣어 볶음밥을 만들어도 좋아요.

RECIPE 43 어묵 버섯잡채

매일 반찬 고민을 하다가 냉장고에 자주 있는 식재료 두 가지를 합체해 보았어요. 어묵과 씹는 식감이 좋고 값도 저렴한 애느타리버섯! 같이 양념해서 볶았을 뿐인데 길쭉길쭉하게 썬 어묵의 모양이 마치 잡채 같아요. 심심하게 만들어 그냥 먹어도 좋지만, 간이 되어 있으니 밥반찬으로 그만입니다. 만만한 반찬이 없을 때 만만하게 만들 수 있는 참 맛있는 반찬이에요.

My Recipe

스마트폰으로 QR코드를 스캔하면 요리 과정을 동영상으로 볼 수 있어요

2인분
요리 시간 20분

주재료
사각어묵 3장(150g)
애느타리버섯 1팩(200g)
양파 1/4개
당근 약간
식용유 적당량

양념장 재료
다진 마늘 0.5
청주 2
간장 3
올리고당 2

추가 양념 재료
참기름 0.5
깨소금 0.5
후춧가루 적당량

대체 식재료
당근 ▶ 빨강 파프리카

1. 사각어묵은 가늘게 채 썬다. 애느타리버섯은 먹기 좋게 가닥가닥 떼어내고 양파와 당근은 채 썬다.

2. 양념장 재료인 다진 마늘 0.5, 청주 2, 간장 3, 올리고당 2를 한데 섞는다.

3. 애느타리버섯에 양념장을 반만 넣고 조물조물 무친다.

4. 달군 팬에 식용유를 살짝 두르고 채 썬 어묵, 양파, 당근을 넣고 2분 정도 볶는다.

5. 애느타리버섯을 넣고 2분 정도 더 볶는다.

6. 나머지 양념장을 넣고 양념장이 잘 배어들도록 조리듯 볶는다. 추가 양념 재료인 참기름 0.5, 깨소금 0.5, 후춧가루 적당량을 넣고 살짝 더 볶으면 끝!

RECIPE 44 어묵조림

식당 반찬으로 어떤 반찬을 선호하세요? 저는 어묵 반찬을 참 좋아해요.
어묵은 매일 먹어도 질리지 않고, 상에 오를 때마다 반가운 반찬 중
하나예요. 어묵볶음보다 촉촉하고 부드러운 어묵조림을 더 좋아하는데요.
어묵조림에 피망 향이 돌면 그 맛이 훨씬 더 고급스러워요.

My Recipe

스마트폰으로 QR코드를
스캔하면 요리 과정을
동영상으로 볼 수 있어요

3~4인분
요리 시간 20분

주재료
사각어묵 4장(200g)
피망 1/2개
양파 1/4개
청양고추 1개
대파 1/3대
마늘 7쪽
식용유 1
참기름 0.5
통깨 0.5

양념장 재료
고춧가루 1
간장 3
맛술 2
올리고당 2
후춧가루 약간
물 2/3컵

대체 식재료
청양고추 ▶ 홍고추

1. 사각어묵은 먹기 좋은 크기로 썰어 팔팔 끓는 물에 1분 정도 데친 다음 체에 밭쳐 자연스럽게 식힌다.

2. 피망과 양파는 가로, 세로 3cm 크기로 썬다. 청양고추와 대파는 송송 썰고 마늘은 3~4등분한다.

3. 볼에 양념장 재료인 고춧가루 1, 간장 3, 맛술 2, 올리고당 2, 후춧가루 약간, 물 2/3컵을 한데 섞는다.

4. 달군 팬에 식용유 1을 두르고 피망, 양파, 청양고추, 마늘을 넣고 중간 불에 1분 정도 달달 볶는다. 데친 어묵을 넣고 2분 정도 더 볶는다.

5. 양념장을 넣고 센 불에 중간중간 저어가며 양념이 잘 배도록 조린다. 마지막으로 참기름 0.5와 통깨 0.5를 넣고 골고루 버무리면 끝!

45 연근전

연근에 암놈과 수놈이 있다는 거 아세요? 둥글둥글하고 큼직하면서 짧은 것이 암놈으로 주로 조림용으로 사용하고, 길고 가는 것은 수놈으로 부침개에 쓰면 좋다고 해요. 이 요리는 손님상에 밥반찬으로 미리 만들어 종종 내는데요. 그때마다 반응이 뜨거웠어요. 연근을 먹는 새로운 방법이라며 하나같이 레시피를 물어보셨어요. 앞으로 잔칫상이나 명절상의 전 목록에 꼭 올려보세요.

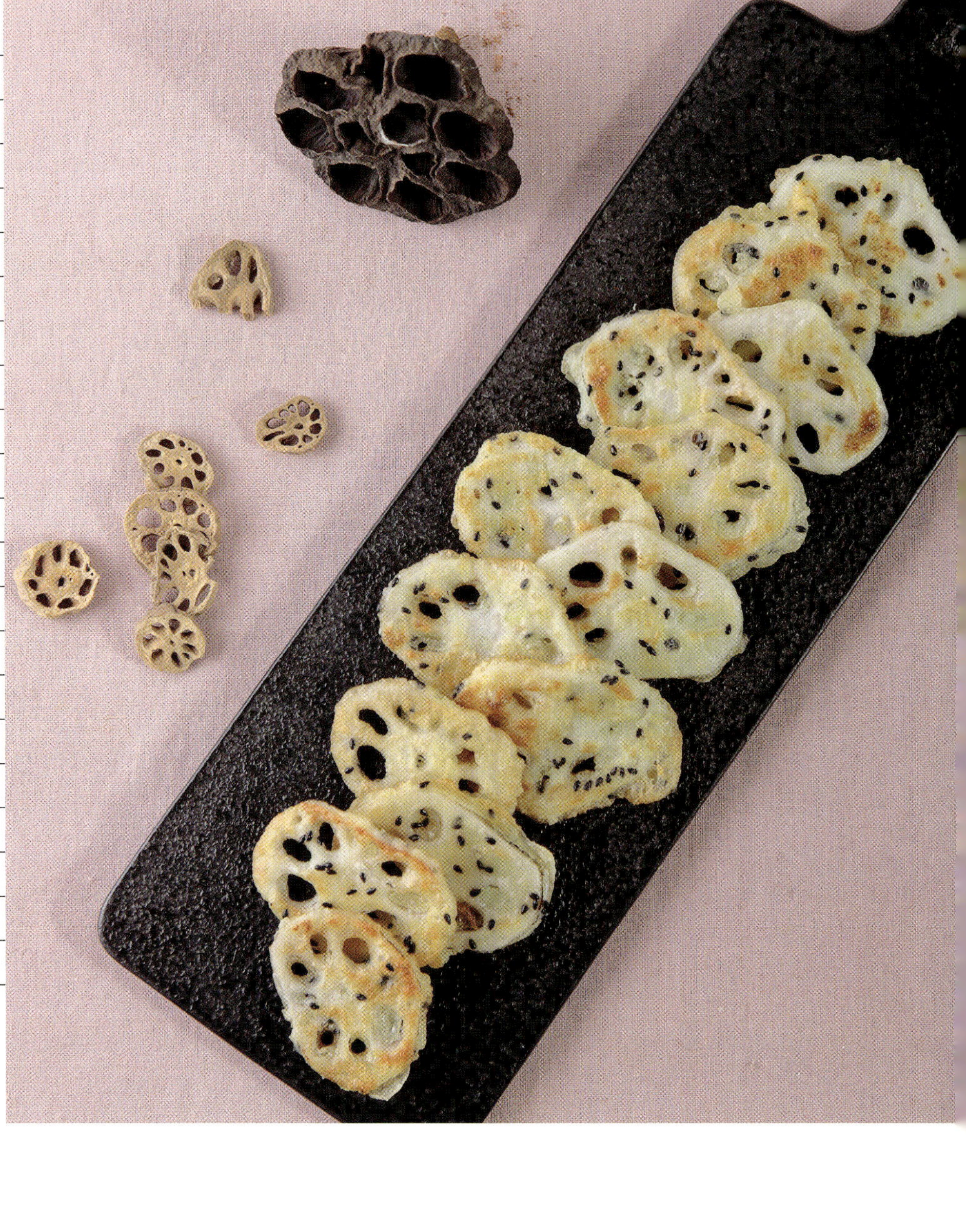

My Recipe

스마트폰으로 QR코드를 스캔하면 요리 과정을 동영상으로 볼 수 있어요

3~4인분
요리 시간 30분

주재료
연근 1개(400g)
식용유 넉넉히

연근 삶는 물 재료
물 4컵
굵은소금 0.5

부침옷 재료
부침가루 1컵
물 1컵
검은깨 0.5

대체 식재료
부침가루 ▶ 튀김가루

1. 연근은 껍질을 벗겨 0.3cm 두께로 얇게 썬다.

2. 냄비에 연근 삶는 물 재료인 물 4컵, 굵은소금 0.5, 연근을 넣고 1분 정도 데친다.

3. 데친 연근은 물에 헹구지 말고 체에 밭쳐 물기를 빼면서 자연스럽게 식힌다.

얼음을 3~4개 넣으면 부침옷이 쫀득하고 더 맛있어요.

4. 볼에 부침옷 재료인 부침가루 1컵, 물 1컵, 검은깨 0.5를 넣고 잘 섞는다.

5. 반죽에 데친 연근을 넣고 부침옷을 입힌다.

6. 달군 팬에 기름을 넉넉하게 두르고 연근을 얹어 앞뒤로 노릇하게 부치면 끝!

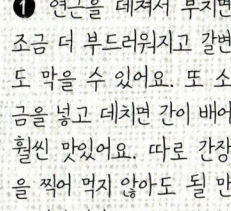

꿀팁

❶ 연근을 데쳐서 부치면 조금 더 부드러워지고 갈변도 막을 수 있어요. 또 소금을 넣고 데치면 간이 배어 훨씬 맛있어요. 따로 간장을 찍어 먹지 않아도 될 만큼 간이 맞아요.

❷ 데칠 때 식초 1~2방울을 추가로 넣어도 좋아요.

❸ 기름을 넉넉하게 넣어야 바삭하면서도 예쁜 연근전을 부칠 수 있어요. 한 면을 완전히 노릇하게 부친 다음 뒤집어 노릇하게 부치세요.

RECIPE 46 오이고추 된장무침

언젠가 뷔페식당에 갔는데, 맛있고 값나가는 음식은 뒤로하고, 다진 땅콩을 듬뿍 넣고 무친 오이고추 된장무침만 한 접시 가득 먹었지 뭐예요? 그 뒤로는 자주 해서 먹는 반찬이 되었는데요, 마치 오이고추와 된장으로 만든 김치 같아서 2~3일 정도 두고 먹어도 좋은 밑반찬이에요. 가끔 동호회 사람들과 캠핑을 갈 때 오이고추 된장무침을 한 통 가득 만들어 가면 고기와 함께 먹기에도 참 좋아서인지 늘 인기였답니다.

My Recipe

스마트폰으로 QR코드를 스캔하면 요리 과정을 동영상으로 볼 수 있어요

4~5인분
요리 시간 10분

주재료
오이고추 15개

양념장 재료
된장 7
올리고당 4
다진 마늘 1
참기름 2
통깨 1
다진 땅콩 4

대체 식재료
오이고추 ▶ 풋고추+오이
다진 땅콩 ▶ 다진 아몬드

1. 오이고추는 어슷하게 2등분 한다.

2. 볼에 양념장 재료인 된장 7, 올리고당 4, 다진 마늘 1, 참기름 2, 통깨 1을 한데 섞는다.

3. ②에 된장의 짠맛을 중화시키는 다진 땅콩 4를 넣고 섞는다.

4. 오이에 양념을 넣고 살살 무치면 끝!

꿀팁

❶ 오이고추 된장무침에 집된장을 넣으면 짜고 맛이 자극적이어서 별로예요. 시판 된장으로 무쳐야 맛이 나니 이 레시피만큼은 시판 된장을 사용하세요. 해찬들의 구수하고 담백한 재래식된장이 잘 어울려요. 된장 양은 입맛에 따라 가감하세요.

❷ 오이고추 대신 매운맛의 고추를 좋아한다면 풋고추를 두 배로 넣어도 좋아요.

❸ 땅콩이 넉넉하게 들어가야 짜지 않아요.

❹ 매콤하고 개운하게 먹고 싶다면 고춧가루를 더하세요.

❺ 된장 대신 쌈장을 이용해도 좋아요. 대신 양념이 되어 있으니 올리고당의 양을 줄이세요.

RECIPE 47 오이무침

오이를 따로 절이지 않고 무쳐서 바로 먹는 요리예요.
들어간 양념은 별것 없는데 깜짝 놀랄 맛이 나요.
즉석에서 무쳐 한 번에 바로 다 드세요. 요리하는 데 빠르면
5분 만에 만들 수 있는 최고의 반찬이에요.

My Recipe

스마트폰으로 QR코드를
스캔하면 요리 과정을
동영상으로 볼 수 있어요

> 간장의 양을 줄이고 소금의 양을 늘여도 좋아요.

> 오이는 취청오이, 백오이 어느 것이라도 좋아요.

2인분
요리 시간 10분

주재료
오이 1개
양파 1/4개(50g)

양념장 재료
고춧가루 1
설탕 0.5
통깨 0.5
다진 마늘 0.5
간장 2
참기름 1

대체 식재료
양파 ▶ 풋고추, 오이고추

1 양념장 재료인 고춧가루 1, 설탕 0.5, 통깨 0.5, 다진 마늘 0.5, 간장 2, 참기름 1을 한데 섞는다.

2 오이는 길게 반으로 갈라 어슷하게 썰고 양파는 0.5cm 두께로 채 썬다.

3 양념장에 오이와 양파를 넣고 조물조물 무치면 끝.

꿀팁

 ❶ 오이를 썰 때 두께가 살짝 있도록 도톰하게 썰어요.

 ❷ 고추장은 넣지 말고 고춧가루로만 칼칼하게 무쳐요.

RECIPE 48 오이볶음

오이는 생으로만 먹어야 한다는 편견을 깬 오이볶음. 먹어 보면 아삭아삭한 식감에 놀라고 와작와작 유쾌한 소리에 놀라게 돼요. 절이는 과정을 거쳐 물기를 꼭 짜내고 볶아야 아삭한 맛을 살릴 수 있어요. 물기를 짤 때는 부들부들 떨면서 꼭 짜세요.

My Recipe

스마트폰으로 QR코드를
스캔하면 요리 과정을
동영상으로 볼 수 있어요

1. 오이는 0.3cm 간격으로 송송 썰어 볼에 넣는다.

고루 절여지도록 중간 중간 뒤적이세요.

2. 오이에 굵은소금 1을 넣고 골고루 섞어 20분 정도 절인다.

2~3인분
절이는 시간 20분
요리 시간 10분

주재료
오이 2개
굵은소금 1

양념 재료
식용유 1
다진 마늘 1
올리고당 1
참기름 0.5
통깨 0.5
후춧가루 약간

오이를 짰더니 나온 물이에요.

3. 절인 오이는 손이나 면포로 최대한 물기 없이 꾹 짠다.

4. 달군 팬에 식용유 1을 두르고 다진 마늘 1을 넣고 마늘 향이 나도록 볶는다.

물기를 꼭 짜야 물기 없이 꼬들꼬들하게 볶을 수 있어요.

5. 물기를 꼭 짠 오이를 넣고 2분 정도 달달 볶다가 올리고당 1, 참기름 0.5, 통깨 0.5, 후춧가루 약간을 넣고 1~2분 정도 더 볶으면 끝!

RECIPE 49 오이 부추김치

김치 담그는 것이 엄두가 나지 않아도 생애 첫 김치를 만들어 볼
기회가 생긴다면 오이로 시작하라고 이야기하고 싶어요.
오이와 부추, 양념만 잘 섞었을 뿐인데 김치다운 김치가 되거든요.
끝까지 먹을 때까지 아삭아삭한 식감이 사는
오이 부추김치 맛의 비결을 알려드릴게요.

My Recipe

스마트폰으로 QR코드를
스캔하면 요리 과정을
동영상으로 볼 수 있어요

1	**2**	**3**
오이는 5등분하여 다시 길게 4등분한 다음 속에 씨가 있는 부분은 잘라낸다.	냄비에 절임물 재료인 물 4컵과 굵은소금 3을 넣고 끓여 끓기 시작하면 1분 정도 끓인다.	볼에 오이를 담고 절임물이 뜨거울 때 확 들이붓고 30분 정도 절인다.

10인분
절이는 시간 30분
요리 시간 20분

주재료
오이 5개
부추 2줌(100g)

절임물 재료
물 4컵
굵은소금 3

홍고추를 넣으면 색을 살릴 수 있어요.

4	**5**	**6**
절이는 동안 양념 재료인 고춧가루 5, 다진 마늘 2, 초피액젓 4, 올리고당 2, 통깨 1을 한데 섞는다.	부추는 4cm 길이로 썬다.	절인 오이는 체에 밭쳐 자연스럽게 물기를 빼서 김치 양념에 넣는다. 부추를 넣고 양념과 재료가 잘 섞이도록 살살 무치면 끝!

양념 재료
고춧가루 5
다진 마늘 2
초피액젓 4
올리고당 2
통깨 1

대체 식재료
초피액젓 ▶ 까나리액젓

> **꿀팁**
>
> 오이를 절일 때 굵은소금을 꼭 써야 해요. 꽃소금으로 절이면 상당히 짜요.

RECIPE 50 오징어볶음

어린 시절 엄마가 오징어볶음을 하면 진짜 행복한 날이었어요.
오징어를 하나라도 더 먹겠다고 얼마나 젓가락에 힘이 들어갔던지….
지금은 오징어가 참 흔해졌지만 여전히 그 쫀득하고
맛있는 식감은 항상 행복함을 주는 것 같아요. 갑오징어나 주꾸미,
낙지볶음을 만들 때도 이 레시피로 만들어 드셔보세요.
국물이 적당히 있어서 밥을 비벼 먹기에도 참 좋아요.

My Recipe

스마트폰으로 QR코드를
스캔하면 요리 과정을
동영상으로 볼 수 있어요

1. 볼에 양념장 재료인 고추장 2, 고춧가루 1, 맛술 2, 간장 1, 설탕 1, 다진 마늘 1, 생강가루 약간, 후춧가루 약간을 한데 섞는다.

2. 오징어는 몸통은 링 모양으로 썰고 다리는 먹기 좋게 하나하나 썬다. 양배추 잎과 양파는 굵게 채 썰고 대파는 어슷하게 썬다.

2~3인분
요리 시간 20분

주재료
오징어 1마리(250g)
양배추 잎 2장(100g)
양파 1/2개
대파 1/3대
식용유 2
참기름 1
깨소금 1

3. 달군 팬에 식용유 2를 두르고 강한 불에 양파와 양배추를 넣어 2분 정도 볶는다. 이어서 오징어를 넣고 1분 정도 볶는다.

4. 오징어와 채소가 다 익으면 양념장을 넣고 양념이 고루 섞이도록 재빨리 볶는다. 대파, 참기름 1, 깨소금 1을 넣고 골고루 볶으면 끝!

> 깻잎이 있다면 곁들여도 좋아요.

양념장 재료
고추장 2
고춧가루 1
맛술 2
간장 1
설탕 1
다진 마늘 1
생강가루·후춧가루 약간씩

대체 식재료
오징어 ▶ 주꾸미, 갑오징어, 낙지
양배추 ▶ 당근, 피망, 파프리카

꿀팁

오징어는 몸통에 칼집을 내고 내장을 꺼내세요. 가늘게 뼈 모양으로 된 것을 떼어 내고 머리 쪽의 오징어 눈알과 입 쪽의 지저분한 것을 잘 떼어 내세요. 그런 다음 다리 부분의 빨판을 손으로 쭉쭉 훑어 가면서 씻으면 돼요. 또 몸통의 껍질은 굵은소금을 묻혀 가면서 살살 벗겨 물에 씻으세요.

RECIPE 51 오징어채볶음

오징어채볶음은 밑반찬으로 참 많이 만드시죠? 저는 같은 진미채라 해도 만드는 방법을 여러 가지로 해서 먹는데요, 이번에 소개하는 오징어채볶음은 가장 입맛에 잘 맞는 최고의 레시피인 것 같아요. 1차 양념을 먼저 하고, 2차 양념을 하는데 딱딱하지 않고 부드러우면서 양념의 감칠맛이 제대로 느껴져요.

My Recipe

스마트폰으로 QR코드를 스캔하면 요리 과정을 동영상으로 볼 수 있어요

3~4인분
요리 시간 15분

주재료
오징어채 3컵(100g)
청양고추 2개

1차 양념 재료
맛술 2
마요네즈 2
통깨 1

2차 양념 재료
고춧가루 1
설탕 0.5
다진 마늘 1
다진 생강 0.3
고추장 3
간장 0.5
청주 2
올리고당 2
물 1/4컵

대체 식재료
다진 생강 ▶ 생강가루
청양고추 ▶ 풋고추

1 오징어채는 미지근한 물에 10초 정도 씻어 물기를 뺀다. 1차 양념 재료인 맛술 2, 마요네즈 2, 통깨 1을 넣고 조물조물 버무려 5분 정도 둔다.

2 청양고추는 가늘고 어슷하게 썬다.

3 팬에 2차 양념 재료인 고춧가루 1, 설탕 0.5, 다진 마늘 1, 다진 생강 0.3, 고추장 3, 간장 0.5, 청주 2, 올리고당 2, 물 1/4컵을 넣고 고루 잘 섞는다. 센 불에 1분 정도 저어가며 끓인다.

4 ③의 양념에 청양고추와 오징어채를 넣고 전체적으로 양념이 잘 섞이도록 재빨리 볶으면 끝!

RECIPE 52 오징어채전

갓 부친 오징어채전은 따끈할 때 먹으면 그 맛이 최고예요. 오징어채를 씹는 맛이 이렇게나 감미로울 수가 없어요. 대파와 고추를 넉넉하게 넣어 자칫 느끼할 수 있는 부침개 맛이 확 살아나요. 단맛과 매콤한 맛이 같이 돌면서 쫄깃하게 씹히는 오징어채의 맛이란! 놀라운 맛을 경험해 보세요.

My Recipe

스마트폰으로 QR코드를 스캔하면 요리 과정을 동영상으로 볼 수 있어요

**2인분
요리 시간 25분**

주재료
오징어채 2줌(50g)
미지근한 물 1/3컵
청양고추 2개
홍고추 1/2개(생략 가능)
대파 1/2대
식용유 넉넉히

부침 반죽 재료
부침가루 5
찬물 7

대체 식재료
청양고추 ▶ 풋고추

1. 오징어채는 2~3cm 길이로 잘라 미지근한 물 1/3컵을 넣고 3~4분 정도 불린다.

2. 청양고추, 홍고추, 대파는 송송 썬다.

3. 볼에 부침 반죽 재료인 부침가루 5와 찬물 7을 골고루 섞는다.

4. 부침 반죽에 청양고추, 홍고추, 대파를 넣은 다음 오징어채의 물기를 살짝 짜서 넣고 잘 섞는다.

5. 달군 팬에 식용유를 넉넉하게 두르고 반죽을 한입 크기로 평평하게 펼쳐 얹고 앞뒤로 노릇하게 부치면 끝!

RECIPE 53 일식집 무조림

일식집에서 참치나 생선의 뼈 사이에 붙어 있는 살에 무를 아주 큼직하게 넣고 푹 조린 무조림을 드셔보셨나요? 보통 횟집에서는 참치 뼈 사이의 살이 있는 부분을 넣고 큼직한 무조림을 해서 나오는데요, 그런 재료가 가정에서는 있을 리 없으니 참치나 연어 통조림으로 만들었더니 비슷한 맛이 나더라고요. 조리 시간이 오래 걸리니 한 번 만들 때 넉넉하게 만들어 데워 먹곤 해요.

My Recipe

스마트폰으로 QR코드를 스캔하면 요리 과정을 동영상으로 볼 수 있어요

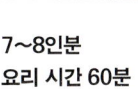

연어 통조림은 더 맛있게 무를 조릴 수 있도록 국물까지 사용할 거예요.

1 무는 가로, 세로 4~5cm 크기로 일정하게 썬다.

2 냄비에 물 3컵, 다시마, 무를 넣어 뚜껑을 덮고 끓인다. 끓기 시작하면 중간 불로 줄여 15~20분 정도 끓인 다음 다시마를 건진다.

3 무를 끓이는 동안 연어 통조림은 뚜껑을 따서 준비한다. 대파, 청양고추, 홍고추는 어슷하게 썬다.

4 양념장 재료인 고춧가루 2, 설탕 2, 다진 마늘 1, 다진 생강 0.3, 간장 5, 초피액젓 2, 맛술 3, 청주 3을 한데 섞는다.

5 무가 어느 정도 익으면 연어, 대파, 청양고추, 홍고추, 양념장을 넣는다.

6 무에 간이 배도록 20~30분 정도 중간 불에 조리면 끝!

7~8인분
요리 시간 60분

주재료
무 1개(1kg)
물 3컵
다시마(10×10cm) 2장
연어 통조림 1통(150g)
대파 1/2대
청양고추 1개
홍고추 1개

양념장 재료
고춧가루 2
설탕 2
다진 마늘 1
다진 생강 0.3
간장 5
초피액젓 2
맛술 3
청주 3

대체 식재료
연어 통조림 ▶ 참치 통조림
초피액젓 ▶ 까나리액젓

꿀팁

❶ 국물이 너무 빨리 졸지 않고 무가 푹 익도록 꼭 뚜껑을 덮으세요.

❷ 무를 조릴 때 통조림의 국물을 넣으면 더 맛있어요. 국물을 넣는 게 내키지 않는다면 국물을 꾹 짜내고 식용유 2순가락을 넣고 조려도 돼요.

RECIPE 54 잔멸치 견과류볶음

반찬가게의 멸치볶음은 맛있는데 '왜 내가 하면 맛이 안 나는 것일까?' 반찬가게의 멸치볶음에는 생각보다 많은 양의 기름과 물엿을 넣기 때문이에요. 늘 만들어 먹는 멸치볶음은 멸치와 함께 씹는 맛이 좋은 견과류를 듬뿍 넣어요. 또 쫄깃한 식감을 내는 마늘도 듬뿍 넣어요.

My Recipe

스마트폰으로 QR코드를 스캔하면 요리 과정을 동영상으로 볼 수 있어요

견과류는 좋아하는 것으로 준비하세요.

4~5인분
요리 시간 20분

주재료
잔멸치 1컵
견과류(아몬드+호두) 1컵
마늘 10쪽

부재료
송송 썬 파 1
다진 청양고추 1

양념장 재료
식용유 3
맛술 1
간장 0.5
설탕 0.5
통깨 0.5
올리고당 3

1. 잔멸치는 가루를 탈탈 턴다. 아몬드와 호두는 2~3등분 하고 마늘은 도톰하게 편으로 썬다.

2. 기름을 두르지 않은 팬에 아몬드와 호두를 넣고 중약 불에 바삭하게 타지 않게 2~3분 정도 볶는다. 다 볶은 것은 접시에 따로 담아둔다.

3. 팬에 식용유 3을 두르고 편으로 썬 마늘을 넣고 중간 불에 2분 정도 타지 않게 볶는다.

4. ③에 잔멸치를 넣고 마늘 향과 기름이 고루 배도록 주걱으로 쉬지 않고 저어가며 달달 볶는다.

5. ④에 양념장 재료인 맛술 1, 간장 0.5, 설탕 0.5를 넣고 양념이 잘 섞이도록 볶는다.

6. 아몬드와 호두를 넣고 송송 썬 파 1과 다진 청양고추 1을 넣고 1~2분 정도 볶는다. 불을 끄고 통깨 0.5와 올리고당 3을 넣고 골고루 섞으면 끝!

RECIPE 55 제육볶음

저는 입맛이 저렴하여 쇠고기보다는 돼지고기가 더 좋더라고요.
또 삼겹살도 좋아하지만 빨갛게 양념해 먹는 돼지고기도 참 좋아해요.
제육볶음은 언제 먹어도 맛있고, 먹고 나서도 또 생각나는 요리예요.
제 입맛에는 고춧가루와 간장으로 깔끔하게 맛을 낸 스타일이
잘 맞더라고요. 믿고 만들어 보세요.

My Recipe

스마트폰으로 QR코드를
스캔하면 요리 과정을
동영상으로 볼 수 있어요

1 돼지고기는 먹기 좋게 3cm 폭으로 자른다.	2 돼지고기에 밑간 재료인 다진 마늘 1, 맛술 2, 다진 생강 0.3, 설탕 1, 후춧가루 약간을 넣고 조물조물 양념한다.
3 양파는 채 썰고 대파는 어슷하게 썬다.	

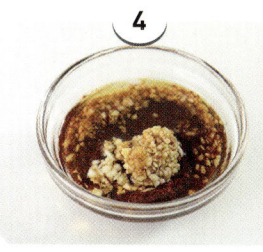

4 볼에 양념장 재료인 고춧가루 4, 다진 마늘 1, 간장 4, 참치진국 1, 올리고당 2, 참기름 1을 한데 섞는다.

5 달군 팬에 식용유 1를 두르고 돼지고기를 넣어 하얗게 익을 때까지 볶는다.

6 양념장을 모두 넣고 양파와 대파를 넣어 볶다가 통깨 1을 솔솔 뿌리면 끝!

2~3인분
요리 시간 20분

주재료
돼지고기(불고기용) 500g
양파 1/2개(100g)
대파 1/2대
식용유 1
통깨 1

밑간 재료
다진 마늘 1
맛술 2
다진 생강 0.3
설탕 1
후춧가루 약간

양념장 재료
고춧가루 4
다진 마늘 1
간장 4
참치진국 1
올리고당 2
참기름 1

대체 식재료
참치진국 ▶ 굴소스

꿀팁

고기를 미리 재워둘 생각이라면 밑간 재료와 양념장 재료를 모두 넣고 조물조물 양념해 두었다가 먹을 만큼만 볶아 먹으면 돼요.

RECIPE 56 콩나물무침 두 가지

콩나물에 대해서 이야기하라고 하면 혼자서 몇 십 분은 떠들 수 있을 만큼 할 말이 많은 재료입니다. 제가 처음 요리를 했던 식재료도 바로 콩나물이거든요. 물론 처음 만들었던 콩나물무침과 콩나물국은 망쳤지만, 이제는 눈을 감고도 요리할 수 있을 만큼 콩나물은 친근하고 애착이 가는 재료예요.

언젠가 외국에서 한식당을 운영하는 부부가 콩나물무침으로 다투는 방송을 본 적이 있어요. 아내는 콩나물을 삶고 그대로 식혀 따끈할 때 무치라고 하고, 남편은 그런 아내의 말을 무시하고 찬물에 헹궈 아삭하게 무쳐냈어요. 한식 밥상에 빠지지 않는 콩나물무침을 만들 때마다 서로의 의견이 다른 것이지요. 저는 어느 편일까요? 저는 아내의 편이랍니다. 하지만 때로는 아삭한 콩나물무침이 미친 듯이 먹고 싶을 때면 찬물에 가차 없이 헹구어 무치기도 해요. 그럼에도 불구하고 온기가 남아 있을 때 무치는 콩나물무침은 맛 이전에 향으로 먼저 알게 됩니다. '나 지금 콩나물을 무치고 있다'고 말이죠.

My Recipe

1. 냄비에 콩나물 삶는 물 재료인 물 5컵과 굵은소금 0.5를 넣고 불에 올려 팔팔 끓인다.

2. 물을 끓이는 동안 대파를 잘게 다진다.

> 매운 콩나물무침을 먹고 싶다면 옵션 재료인 고춧가루 1을 넣고 무치세요.

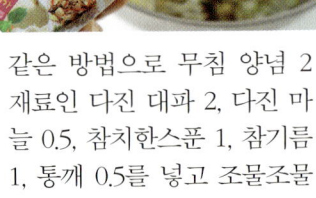

5. 콩나물의 온기가 남아 있을 때 무침 양념 1 재료인 다진 대파 2, 다진 마늘 0.5, 구운 소금 0.3, 설탕 0.3, 참기름 1, 통깨 0.5를 넣고 조물조물 무친다.

6. 같은 방법으로 무침 양념 2 재료인 다진 대파 2, 다진 마늘 0.5, 참치한스푼 1, 참기름 1, 통깨 0.5를 넣고 조물조물 무치면 끝.

스마트폰으로 QR코드를 스캔하면 요리 과정을 동영상으로 볼 수 있어요

③ 물이 팔팔 끓으면 씻은 콩나물을 넣고 3~4분 정도 삶는다.

④ 삶은 콩나물은 체에 밭쳐 그대로 식힌다.

취향에 따라 찬물에 헹궈 물기를 자연스럽게 빼서 무쳐도 돼요.

꿀팁

❶ 따끈한 밥에 콩나물무침, 무쳐 두면 생기는 국물, 볶음고추장을 넣고 쓱쓱 비벼 먹으면 맛있는 콩나물밥이 돼요. 달걀프라이 하나를 올려 같이 비벼 먹으면 꿀맛이죠.

❷ 콩나물 삶은 물에 콩나물을 조금 남겨두고 물을 더 넣고 끓여 양념을 하면 콩나물국이 돼요.

2인분
요리 시간 10분

주재료
콩나물 6줌(300g)
대파 적당량

콩나물 삶는 물 재료
물 5컵
굵은소금 0.5

무침 양념 1 재료
다진 대파 2
다진 마늘 0.5
구운 소금 0.3
설탕 0.3
참기름 1
통깨 0.5

무침 양념 2 재료
다진 대파 2
다진 마늘 0.5
참치한스푼 1
참기름 1
통깨 0.5

옵션 재료
고춧가루 1

대체 식재료
참치한스푼 ▶ 국간장

RECIPE 57 팽이버섯전

팽이버섯은 하나만 사기 아쉬워 꼭 2봉지를 사요. 하나는 된장찌개에 넣고
또 한 봉지는 이렇게 부침개를 만들어 먹어요. 저렴한 팽이버섯 한 봉지가
근사한 반찬이 되는 순간입니다. 집에서 솔솔 풍기는 기름 냄새는
가족을 행복하게 해줍니다. 그런데 팽이버섯전은
생각보다 이에 끼기 쉬워요. 끼면 또 잘 빠지지도 않지요.
그래도 맛있는 걸 어째요.

My Recipe

스마트폰으로 QR코드를
스캔하면 요리 과정을
동영상으로 볼 수 있어요

2인분
요리 시간 25분

재료
팽이버섯 1봉(120g)
쪽파 3대
달걀 2개
부침가루 1
소금·후춧가루 약간씩
식용유 적당량

대체 식재료
쪽파 ▶ 송송 썬 대파

팽이버섯은 밑동을 잘라내고 흐르는 물에 살짝 씻어 물기를 쪽 짜서 3~4등분한다. 쪽파는 송송 썬다.

볼에 팽이버섯과 송송 썬 쪽파를 넣고 달걀, 부침가루, 소금과 후춧가루 약간씩을 넣는다. 재료를 골고루 섞어 반죽한다.

달군 팬에 식용유를 넉넉하게 두르고 반죽을 한 숟가락씩 떠서 평평하게 한 다음 앞뒤로 노릇하게 부치면 끝!

 꿀팁

❶ 맵게 먹고 싶다면 청양고추를 하나 다져 넣으세요.
❷ 부침가루가 없다면 생략하고 부쳐도 맛있어요.

RECIPE 58 푸딩 달걀찜

가정에서 달걀로 만든 음식 중에 제일 어려운 요리라면 달걀찜이 아닐까요?
푸딩처럼 보드라운, 일식집에서 먹어본 달걀찜이요. 이런 음식을 하나쯤 만들 줄 알면
요리하는 재미가 훨씬 배가되지요. 푸딩 같은 달걀찜은 만드는 방법만 잘 익히면
생각보다 쉽게 만들 수 있어요. 대신 정성과 시간을 들여 차분하게
기다릴 줄 알아야 좋은 결과물이 나온답니다.

My Recipe

스마트폰으로 QR코드를
스캔하면 요리 과정을
동영상으로 볼 수 있어요

> 냄비에 다시마 5x5cm 3장, 물 2컵을 넣고 센 불에서 끓여 끓어오르면 약한 불로 줄여 5분 정도 끓인 후 다시마를 건져 국물을 만들어요.

3개 분량
요리 시간 25분

주재료
달걀 3개
다시마 육수 1컵
맛술 1
소금 약간(0.2 정도)

장식 재료
날치알 1(생략 가능)
쪽파 약간

대체 식재료
다시마 육수 ▶ 멸치 다시마 육수, 물, 참치한스푼

1. 다시마 육수를 만든다.

2. 볼에 달걀, 다시마 육수 1컵, 맛술 1, 소금 약간을 넣고 골고루 풀어 섞는다.

3. 달걀은 체에 걸러 알끈과 거품을 걸러 낸다.

4. 1인용 작은 그릇 3개에 달걀물을 나눠 담고 위쪽의 거품은 키친타월로 슬쩍 닦은 다음 랩으로 꼼꼼하게 싼다.

5. 찜통에 물을 적당히 채우고 처음부터 달걀 담은 그릇을 넣고 자리를 고르게 배열한 다음 중간 불에 뚜껑을 덮고 12~15분 정도 찌면 끝!

꿀팁

❶ 그냥 먹어도 좋지만 모양이 밋밋하니 쪽파의 푸른 부분을 송송 썰어 얹고 검은깨를 뿌려 장식했어요.

❷ 마라나 샐러드 채소 등의 작은 잎을 얹어도 좋고 익힌 새우를 얹어도 좋아요.

❸ 다시마 육수 대신 물을 넣을 경우 액상 조미료인 참치한스푼을 3분의 1 숟가락 정도 넣으면 훨씬 맛있어요.

RECIPE 59 풋고추 어묵전

쌈장에 즐겨 먹는 풋고추를 부침개로 부치면 얼마나 맛있는지 모르실 거예요. 풋고추전에 빠지면 앞으로 풋고추만 보면 무조건 부침개를 부치려고 하실 거예요. 풋고추를 부치면 풋고추 특유의 풋풋한 향이 스멀스멀 올라오면서 고소한 기름 냄새가 더해져 아주 맛있어요.

My Recipe

스마트폰으로 QR코드를 스캔하면 요리 과정을 동영상으로 볼 수 있어요

1. 풋고추는 가늘게 어슷하게 썰고 사각어묵은 세로로 반 잘라 채 썬다.

> 부침개에 맛술과 참기름을 넣으면 맛이 훨씬 좋아요.

2. 볼에 어묵, 풋고추, 달걀 3개, 맛술 1, 참기름 0.3, 소금 약간을 넣고 잘 섞어 부침 반죽을 만든다.

3. 달군 팬에 식용유를 넉넉하게 두르고 숟가락으로 반죽을 한 숟가락씩 떠서 앞뒤로 노릇하게 부치면 끝!

2인분
요리 시간 25분

재료
풋고추 6개
사각어묵 2장(100g)
달걀 3개
맛술 1
참기름 0.3
소금 약간(0.2 정도)
식용유 넉넉히

대체 식재료
사각어묵 ▶ 맛살, 햄

 꿀팁

❶ 풋고추 하나만 부쳐 먹어도 맛있고, 풋고추 양을 늘려서 부쳐도 좋아요.

❷ 어묵 대신 맛살이나 햄을 넣어도 맛있어요.

RECIPE 60 황태채볶음

다른 반찬들은 후다닥 만들면서 막상 황태채볶음은
큰 마음을 먹어야 해요. 물에 만 밥이나 누룽지탕에 먹어도
참 맛있는 별찬이에요. 양념에 넣은 식초가
맛을 살리는 비법이지요.

My Recipe

스마트폰으로 QR코드를
스캔하면 요리 과정을
동영상으로 볼 수 있어요

황태채에 물이 골고루 스며들게 한다.

1. 황태채는 먹기 좋게 잘라 물 1컵에 촉촉하게 적신다.

2. 대파와 풋고추는 송송 썬다.

3. 양념장 재료인 고춧가루 1, 다진 마늘 1, 설탕 0.5, 간장 1, 청주 3, 식초 1, 고추장 2, 올리고당 2를 한데 섞어 냄비에 넣고 바글바글 1분 정도 끓인다.

4. 불린 황태채의 물기를 손으로 살짝 짜서 양념장에 넣어 중간 불로 1분 정도 볶는다. 송송 썬 대파와 풋고추를 넣고 추가 양념 재료인 참기름 1과 통깨 0.5를 넣고 고루 섞으면 끝!

2~3인분
요리 시간 20분

주재료
황태채 50g
물 1컵
대파 1/4대
풋고추 1개

양념장 재료
고춧가루 1
다진 마늘 1
설탕 0.5
간장 1
청주 3
식초 1
고추장 2
올리고당 2

추가 양념 재료
참기름 1
통깨 0.5

대체 식재료
풋고추 ▶ 청양고추

어려서부터 국물을 좋아하는 '국순이'인 저는
식탁에 꼭 국물 요리가 있어야 밥을 먹곤 했어요.
다른 반찬 없이 김치 한 가지에 국물 요리 하나면
속이 따뜻해지고 든든해지거든요.
이번에 뽑은 13가지의 국물 요리는
제가 제일 많이 만들어 먹는 국물 요리랍니다.
여러 가지 만들어도 결국 이 음식들을 돌려가면서 해 먹고 있더라고요.
늘 같은 레시피로 만드는, 그 한결같은 맛으로 가족의 입맛을 확 사로잡았죠.
지금 따끈한 찌개를 한술 뜨면서 우리 쌍둥이 녀석들은 말합니다.
"그래, 바로 이 맛이야!" 이 맛에 제가 보글보글 찌개를 끓이고,
바글바글 국을 올리는 것 아닐까요?

CHAPTER / 02

국물 요리

01 김치찌개

한국 사람들이 제일 많이 끓여 먹는 찌개 0순위는 바로 김치찌개!
그런데 또 제일 어려워하는 것도 김치찌개인 듯해요.
맛있는 김치찌개를 끓일 때 제일 중요한 것은 역시나 김치!
찌개를 끓이기에 적당한, 새콤하게 익은 김치가 필요해요.
덜 익힌 김치로는 절대 그 맛이 나오지 않으니까요.
그리고 아주 약간의 된장과 액젓, 새우젓이 찌개 맛의 비법이에요.
또 설탕은 김치의 신맛을 맛있게 확 잡아준답니다.

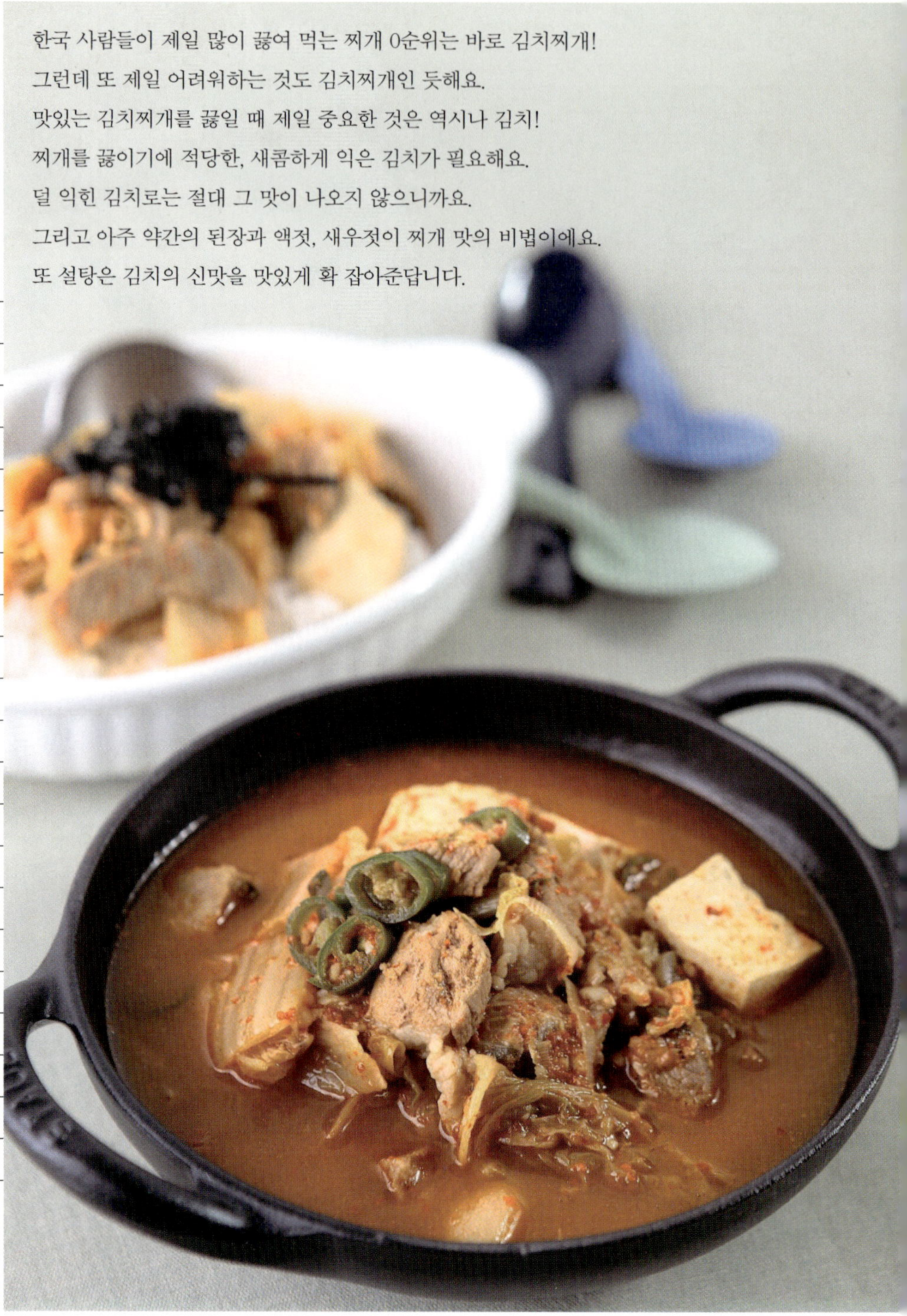

My Recipe

스마트폰으로 QR코드를
스캔하면 요리 과정을
동영상으로 볼 수 있어요

1. 신 김치는 먹기 좋게 썰고 돼지고기는 찌개용으로 준비하여 먹기 좋게 썬다. 두부는 한입 크기로 썰고 청양고추와 대파는 송송 썬다. 쌀뜨물도 준비한다.

2. 냄비에 쌀뜨물을 붓고 돼지고기와 된장 0.5를 넣고 바글바글 끓인다.

3. 신 김치와 두부를 넣고 김치가 푹 무를 때까지 중간 불에 10~12분 정도 끓인다.

> 끓일 때 생기는 거품은 말끔하게 걷어내세요.

3~4인분
요리 시간 30분

주재료
신 김치 2컵(300g)
돼지고기(찌개용) 300g
두부 1/2모
청양고추 1개
대파 1/2대
쌀뜨물 3컵+1/2컵

양념 재료
된장 0.5
다진 마늘 1
고춧가루 2
설탕 1
초피액젓 1
새우젓 1

대체 식재료
쌀뜨물 ▶ 멸치 다시마 육수
초피액젓 ▶ 까나리액젓

4. 양념 재료인 다진 마늘 1, 고춧가루 2, 설탕 1, 초피액젓 1, 새우젓 1을 넣고 국물이 반이 될 때까지 끓인다.

5. 청양고추와 대파를 넣고 한소끔 더 끓이면 끝!

꿀팁

❶ 쌀뜨물 대신 멸치 다시마 육수로 끓여도 맛있어요.

❷ 돼지고기는 목살이나 전지, 후지 등을 사용해도 좋아요.

❸ 걸쭉하게 끓인 찌개는 밥에 얹어 김가루와 함께 비벼 먹으면 맛있어요.

RECIPE 02 단호박 된장찌개

된장찌개는 상에 자주 내는데 만들 때마다 어렵다는 생각이 드시죠?
우리집에서 늘 끓여 먹는 최고의 된장찌개 레시피를 소개할게요.
감자 대신 단호박을 넣어서 끓이는데 생각보다 맛이 잘 어울려요.
된장은 맛이 다양하니 입맛에 잘 맞는 된장을 선택하세요. 또 된장찌개의
살짝 느끼한 맛을 줄이려면 양념으로 청양고추를 넣으면 돼요.

My Recipe

스마트폰으로 QR코드를
스캔하면 요리 과정을
동영상으로 볼 수 있어요

3~4인분
요리 시간 30분

주재료
단호박 1/5개(150g)
양파 1/4개(50g)
애느타리버섯 4줌(200g)
두부 1모(300g)
청양고추 1~2개
홍고추 1/2개
쪽파 3대

멸치 다시마 육수 재료
물 5컵
국물 멸치 2줌(30g)
다시마(5×5cm) 5장

양념장 재료
된장 3
고춧가루 1

대체 식재료
단호박 ▶ 감자, 호박

> 국물만 거르면 3컵+1/2컵 정도 나와요.

1 냄비에 멸치 다시마 육수 재료인 물 5컵, 국물 멸치 2줌, 다시마 5장을 넣어 10분 정도 팔팔 끓여 체에 밭친다.

2 단호박은 먹기 좋게 썰고 양파는 듬성듬성 썬다. 애느타리버섯은 가닥가닥 뜯고 두부는 한입 크기로 썬다.

> 된장은 염도에 따라 양을 조절하세요.

3 냄비에 멸치 다시마 육수를 넣고 된장 3을 풀어 넣는다.

4 단호박과 양파를 넣고 팔팔 끓여 양파가 투명해지면 애느타리버섯과 두부를 넣고 끓인다.

5 7~8분 정도 지나 두부에 간이 배고 단호박이 푹 익으면 청양고추, 홍고추, 쪽파를 송송 썰어 넣는다. 이어서 고춧가루 1을 넣고 한소끔 더 끓이면 끝!

RECIPE 03 달걀국

재빨리 국을 끓여야 할 때나 입맛 없는 아침에 주로 만드는 국은 달걀국이에요. 입맛 까다로운 쌍둥이들도 인정한 국이랍니다. 참치한스푼으로 5분 만에 뚝딱 만든 달걀국과 멸치 다시마 육수로 만든 달걀국, 두 가지로 끓여 먹어요. 국 없이 밥을 잘 못 먹는 식구를 위해서 자주 만들어 먹는 국이라 자신 있게 소개합니다.

My Recipe

스마트폰으로 QR코드를 스캔하면 요리 과정을 동영상으로 볼 수 있어요

2인분
요리 시간 5분

달걀국 재료 1
멸치 다시마 육수 3컵(물 5컵
+국물 멸치 2줌(30g)+다시마
(5×5cm) 5장)
달걀 2개
쪽파 2대
다진 마늘 0.3
소금 약간(0.2 정도)
후춧가루 약간

달걀국 재료 2
달걀 2개
쪽파 2대
물 3컵
참치한스푼 2
다진 마늘 0.3
후춧가루 약간

대체 식재료
쪽파 ▶ 대파
참치한스푼 ▶ 시판 액상 조미료

육수로 만들기

국물만 걸러 3컵을 준비하세요.

1 냄비에 멸치 다시마 육수 재료인 물 5컵, 국물 멸치 2줌, 다시마 5장을 넣어 10분 정도 팔팔 끓여 체에 밭친다.

2 달걀은 골고루 풀고 쪽파는 송송 썬다.

3 냄비에 멸치 다시마 육수 3컵과 다진 마늘 0.3을 넣고 센 불에 팔팔 끓인다.

4 끓기 시작해서 1분 정도 지나면 중간 불로 줄이고 달걀물을 냄비 가장자리에 빙 둘러서 넣는다.

5 달걀이 둥둥 떠오르면 불을 끄고 쪽파와 후춧가루를 넣으면 끝!

물로 만들기

1 달걀은 골고루 풀고 쪽파는 송송 썬다.

2 냄비에 물 3컵, 참치한스푼 2, 다진 마늘 0.3을 넣고 팔팔 끓인다.

3 팔팔 끓기 시작해서 1분 정도 지나면 달걀물을 냄비 가장자리에 빙 둘러서 넣는다.

4 달걀이 둥둥 떠오르면 불을 끄고 쪽파와 후춧가루를 넣으면 끝!

RECIPE 04 두부 애호박찌개

새우젓국찌개는 30대가 지나면서부터 좋아하게 되었어요.
물컹한 느낌의 애호박이 정말 싫었는데 투박하고도 매콤한 맛의
젓국찌개를 좋아할 줄이야…. 새우젓을 넣은 찌개는 국물이
시원하고 감칠맛이 나요. 또 두부도 넉넉히 넣어서 아이들도 잘 먹어요.

My Recipe

스마트폰으로 QR코드를
스캔하면 요리 과정을
동영상으로 볼 수 있어요

2~3인분
요리 시간 20분

재료

멸치 다시마 육수 3컵(물 5컵
+국물 멸치 2줌(30g)+다시마
(5×5cm) 5장)
애호박 1/2개
두부 2/3모(200g)
대파 1/4대
풋고추 1개(생략 가능)
홍고추 1/2개(생략 가능)
들기름 1
다진 마늘 0.5
고춧가루 1
새우젓 2

대체 식재료
들기름 ▶ 참기름

1 냄비에 멸치 다시마 육수 재료인 물 5컵, 국물 멸치 2줌, 다시마 5장을 넣어 10분 정도 팔팔 끓여 체에 밭친다.

> 풋고추와 홍고추가 없다면 빼도 돼요.

2 애호박은 도톰하게 반달 모양으로 썬다. 두부는 도톰하게 한입 크기로 먹기 좋게 썬다. 대파, 풋고추, 홍고추는 송송 썬다.

3 약하게 달군 냄비에 들기름 1을 두르고 애호박, 다진 마늘 0.5, 고춧가루 1, 새우젓 2를 넣고 타지 않게 달달 볶는다.

4 이어서 멸치 다시마 육수 3컵을 붓고 센 불에 끓인다. 국물이 바글바글 끓으면 두부를 얌전히 넣고 4~5분 정도 더 끓인다.

5 대파, 풋고추, 홍고추를 넣고 한소끔 더 끓이면 끝!

05 문성실표 미역국

국 중에서 가장 많이 끓였고 또 쌍둥이 아들들에게 최고로 인정받는 국은 미역국이 아닐까 싶어요. 고기와 조개류, 다른 것 하나 없이 미역과 양념들로만 맛을 낸 진짜 신기하게 맛있는 미역국이거든요. 문성실표 미역국은 드셔보신 분들이 모두 인정한 맛으로 그대로만 하면 똑같은 맛을 낼 수 있어요. 초피액젓과 참치진국으로 끓여야 딱 그 맛이 나와요.

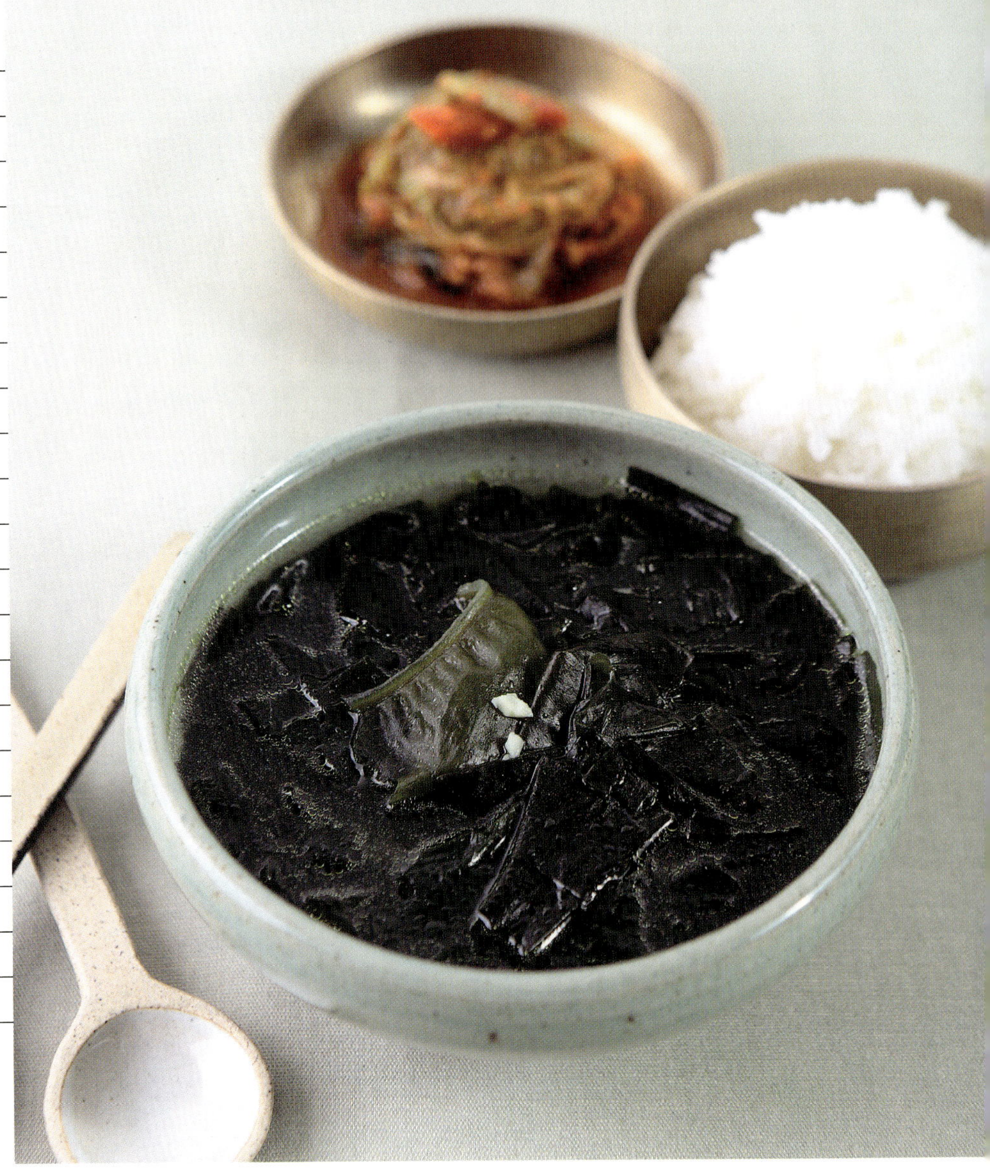

My Recipe

스마트폰으로 QR코드를 스캔하면 요리 과정을 동영상으로 볼 수 있어요

후춧가루는 취향에 따라 빼도 돼요.

1

마른미역은 미지근한 물에 10분 정도 불려 체에 밭쳐 물기를 자연스럽게 뺀다.

2

냄비에 불린 미역과 다진 마늘 0.5, 참기름 1, 참치진국 3, 초피액젓 2, 후춧가루 약간을 넣고 미역이 부드러워질 때까지 중간 불로 달달 볶는다.

3 4

물을 1컵씩 부어가면서 3~4컵 정도 넣고 끓이다가 미역이 부드러워지면 나머지 물 6~7컵을 넣고 센 불에서 팔팔 끓인다.

팔팔 끓으면 약한 불로 줄이고 뚜껑을 덮고 20분 정도 뭉근하게 끓이면 끝!

5~6인분
요리 시간 40분

주재료
불린 미역 2컵(마른미역 15g)

양념 재료
다진 마늘 0.5
참기름 1
참치진국 3
초피액젓 2
후춧가루 약간(생략 가능)
물 10컵

대체 식재료
초피액젓 ▶ 까나리액젓
참기름 ▶ 들기름

꿀팁

미역국에 쇠고기를 넣을 경우에는 잘게 썬 국거리 쇠고기를 미역을 볶을 때 함께 볶으면 돼요. 이 정도 양에 쇠고기는 100g 정도 넣으면 충분해요.

06 문성실표 어묵탕

어묵탕은 겨울에 집에서 만들어 먹으면 훨씬 더 맛있는 것 같아요.
어묵탕은 적당히 달큰하면서도 약간의 매운맛이 감돌아야
느끼한 맛 없이 깔끔하면서 국물 맛도 시원해져요.

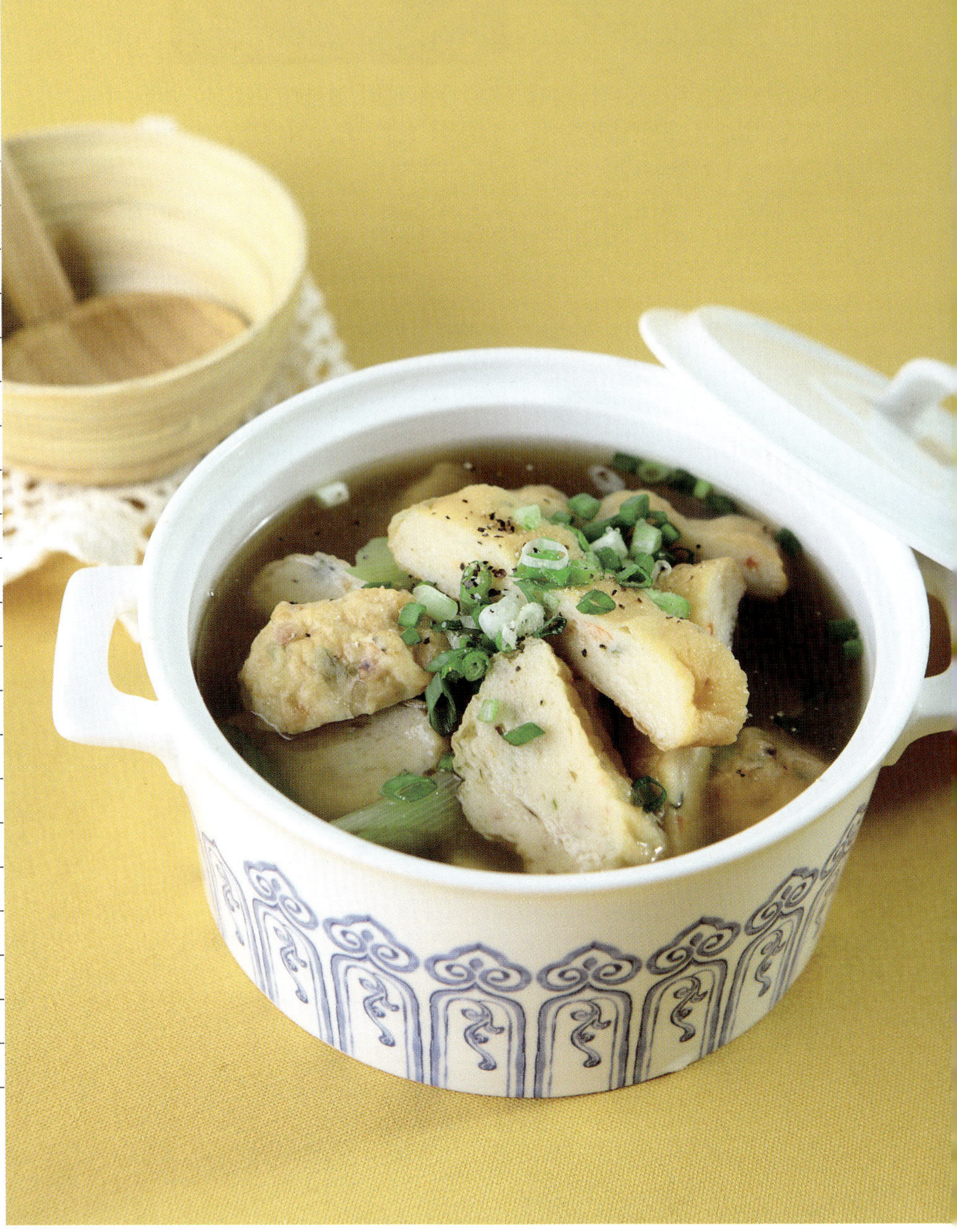

My Recipe

스마트폰으로 QR코드를
스캔하면 요리 과정을
동영상으로 볼 수 있어요

3~4인분
요리 시간 30분

주재료
멸치 다시마 육수 6컵(물 10컵
+국물 멸치 3줌(50g)+다시마
(5×5cm) 10장)
어묵 300g
양파 1/4개
대파 1/3대
청양고추 1개
간장 2
맛술 1
후춧가루 약간(생략 가능)

대체 식재료
양파 ▶ 무

> 육수에 무를 넣고 끓이면 국물 맛이 더 시원해요.

1 냄비에 멸치 다시마 육수 재료인 물 10컵, 국물 멸치 3줌, 다시마 10장을 넣고 10분 정도 팔팔 끓여 체에 밭친다.

2 어묵은 먹기 좋게 썬다. 양파는 굵게 채 썰고 대파와 청양고추는 어슷하게 썬다.

> 어묵을 데치면 기름기가 없어져 담백하게 먹을 수 있어요.

3 끓는 물에 어묵을 넣어 1분 정도 데친다.

4 냄비에 멸치 다시마 육수 6컵을 넣고 끓으면 어묵과 양파를 넣고 3~4분 정도 끓인다.

5 간장 2와 맛술 1을 넣어 간을 한다. 대파와 청양고추를 넣고 후춧가루를 뿌리면 끝!

RECIPE

07 쇠고기 매운탕

쇠고기 뭇국은 늘 해 먹는 요리이고, 육개장을 만들어 먹기에는 좀 번거로울 때 제가 자주 해 먹는 쇠고기 매운탕이에요. 적당히 얼큰하면서 국물 맛이 시원해 밥 한 그릇 말아 먹으면 땀이 죽 나면서 개운해요.

My Recipe

스마트폰으로 QR코드를 스캔하면 요리 과정을 동영상으로 볼 수 있어요

> 덩어리가 크지 않아 10분 정도 담그면 돼요.

> 이때 나머지 3컵의 물은 중간 중간 줄어든 육수만큼 채워 넣으세요.

4~5인분
요리 시간 50분

주재료
쇠고기(양지머리) 200g
무 1토막(300g)
대파 2대

쇠고기 육수 재료
물 7컵+3컵
대파(흰 부분, 7cm 길이) 2대
통후추 0.3

쇠고기 양념 재료
고춧가루 3
다진 마늘 1
참치진국 3
초피액젓 2
후춧가루 약간

대체 식재료
대파 ▶ 쪽파
초피액젓 ▶ 까나리액젓

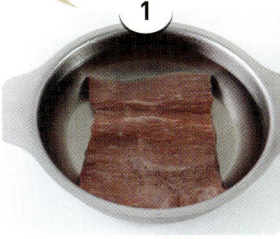

1 쇠고기는 양지머리로 덩어리째 준비한다. 중간에 두세 번 정도 물을 갈아가며 찬물에 10분 정도 핏물을 뺀다.

2 냄비에 핏물을 뺀 쇠고기를 넣고 쇠고기 육수 재료인 물 7컵, 대파 2대, 통후추 0.3을 넣은 다음 센 불에 팔팔 끓인다. 위로 뜬 거품을 걷어내고 중약 불로 줄여 뚜껑을 덮고 30~40분 정도 푹 끓인다.

3 무는 4cm 정도 손가락 마디만 한 사이즈로 도톰하게 썬다. 대파는 4~5cm 길이로 썰고 다시 길이로 2~3등분한다.

4 푹 끓인 쇠고기, 대파, 통후추는 건져 낸다.

5 육수에 무를 넣고 5~7분 정도 끓인다.

6 쇠고기는 결대로 먹기 좋게 찢는다.

7 쇠고기 찢은 것과 대파 썬 것을 볼에 담고 쇠고기 양념 재료인 고춧가루 3, 다진 마늘 1, 참치진국 3, 초피액젓 2, 후춧가루 약간을 넣고 조물조물 무치듯 양념한다.

8 ⑦을 ⑤에 넣고 센 불에 바글바글 끓인다. 위로 뜨는 빨간 기름은 취향대로 걷어내고 맛을 보아 소금과 후춧가루로 간을 한다.

RECIPE 08 쇠고기 뭇국

쇠고기가 있으면 아마도 이 국을 제일 많이 해서 드시지 않을까 싶어요.
쇠고기의 감칠맛과 무의 시원한 맛이 참 좋은 쇠고기 뭇국은 잘만
만들 줄 알면 평생 요긴한 국물 요리가 될 거예요. 달큰한 쇠고기 뭇국에
밥을 말아 먹으면 잡념이 사라지고 먹는 것에 집중할 수 있어요.

My Recipe

스마트폰으로 QR코드를
스캔하면 요리 과정을
동영상으로 볼 수 있어요

1. 쇠고기는 양지머리로 준비하여 먹기 좋게 한입 크기로 썬다. 쇠고기 양념 재료인 초피액젓 2, 다진 마늘 0.5, 청주 1, 후춧가루 약간을 넣고 조물조물 밑간한다.

2. 무는 0.5cm 두께로 도톰하게 썰고 대파는 송송 썬다.

위로 뜨는 거품과 이물질은 말끔하게 걷어내세요.

3. 냄비에 밑간을 한 쇠고기를 넣고 중간 불에 2분 정도 볶는다. 무를 넣고 2분 정도 더 볶는다.

4. 물 7컵을 부어 센 불에 끓여 팔팔 끓으면 중약 불로 줄이고 뚜껑을 덮고 20~30분 정도 끓인다.

5. 소금 0.5를 넣고 취향대로 후춧가루를 솔솔 뿌린 다음 대파 썬 것을 넣고 한소끔 더 끓이면 끝!

4~5인분
요리 시간 40분

주재료
쇠고기(양지머리) 200g
무 1토막(300g)
대파 1/3대
소금 0.5
물 7컵

쇠고기 양념 재료
초피액젓 2
다진 마늘 0.5
청주 1
후춧가루 약간

대체 식재료
초피액젓 ▶ 까나리액젓

09 오징어 섞어찌개

친정엄마는 식구들이 모이면 먹고 싶은 게 무엇인지 물으세요. 그러면 딸들은 온갖 재료를 다 넣고 끓이는 '엄마표 섞어찌개'를 요청해요. 오늘은 돼지고기와 오징어를 넣고 섞어찌개를 끓여 보았는데요. 국물이 시원하면서 건더기가 많아 참 푸짐하답니다.

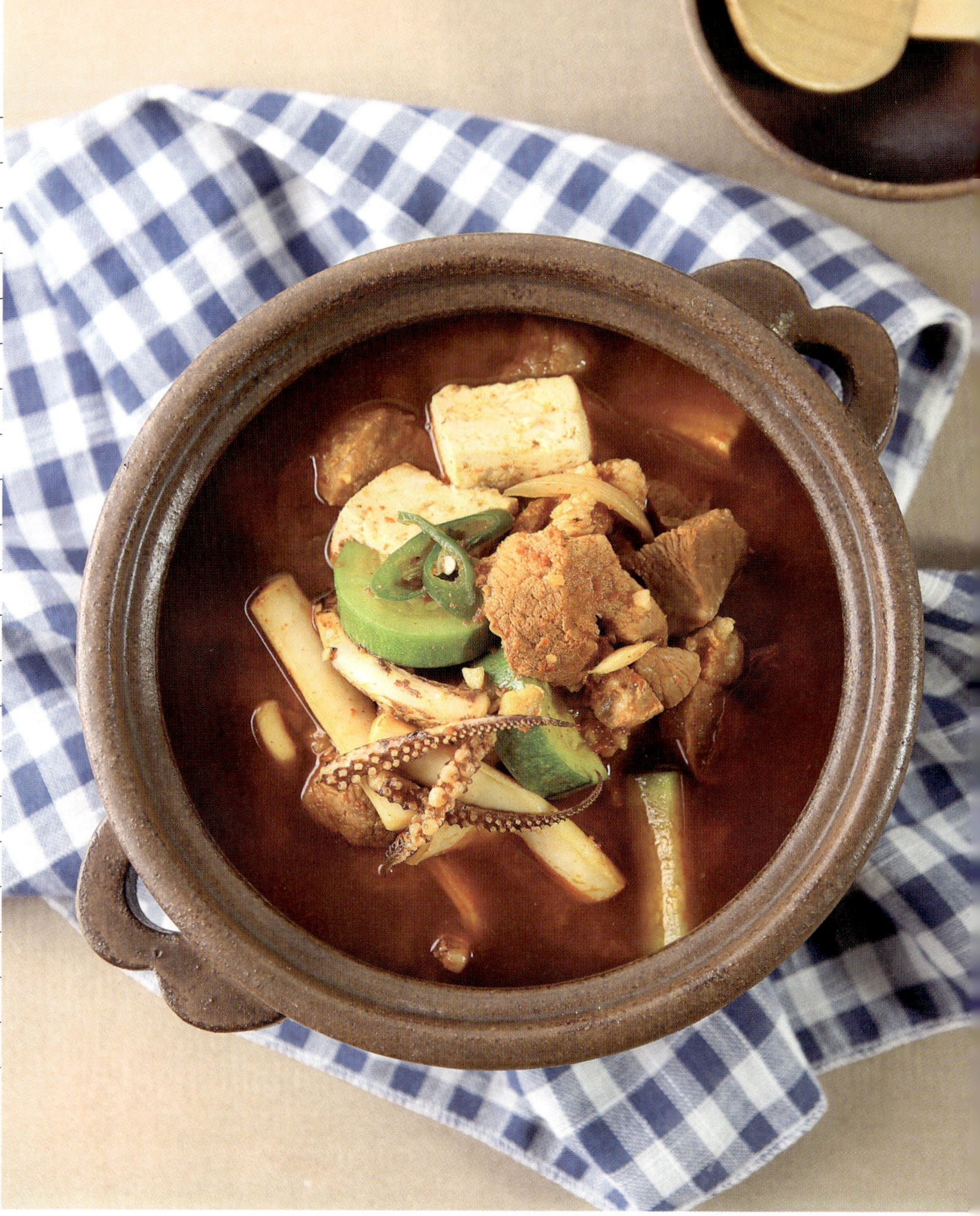

My Recipe

스마트폰으로 QR코드를 스캔하면 요리 과정을 동영상으로 볼 수 있어요

2~3인분
요리 시간 30분

주재료
멸치 다시마 육수 3컵(물 5컵
+국물 멸치 2줌(30g)+다시마
(5×5cm) 5장)
오징어 1마리(250g)
돼지고기 200g
애호박 1/3개
양파 1/4개
대파 1/3대
청양고추 1개
두부 1/2모(150g)

오징어·돼지고기 양념 재료
고춧가루 2
고추장 1
간장 1
청주 1
다진 마늘 1
다진 생강 약간(생략 가능)

양념 재료
소금 약간

대체 식재료
오징어 ▶ 낙지, 주꾸미
애호박 ▶ 감자, 단호박
다진 생강 ▶ 생강가루

1 오징어는 몸통과 다리를 먹기 좋은 크기로 썬다. 돼지고기는 한입 크기로 썬다. 애호박은 반달 모양으로 도톰하게 썬다. 양파는 굵게 채 썰고 대파와 청양고추는 어슷하게 썬다. 두부는 한입 크기로 썬다.

2 냄비에 오징어와 돼지고기를 넣고 오징어·돼지고기 양념 재료인 고춧가루 2, 고추장 1, 간장 1, 청주 1, 다진 마늘 1, 다진 생강 약간을 넣고 조물조물 양념을 한다.

3 ②에 두부, 애호박, 양파를 넣고 멸치 다시마 육수 3컵을 붓고 센 불에 7~10분 정도 바글바글 끓인다.

4 어느 정도 재료가 익으면 대파와 청양고추를 넣고 한소끔 더 끓인다. 맛을 보아 나머지 간은 소금으로 하면 끝!

 꿀팁

멸치 다시마 육수는 물 5컵, 국물 멸치 2줌(30g), 다시마 (5×5cm) 5장을 넣고 10분 정도 팔팔 끓여 체에 밭쳐 맑은 육수만 쓰세요.

10 참치 두부찌개

매일 집에서 밥을 해결해야 하면 끼니마다 어찌나 고민스러운지 몰라요.
혼자 살면 모르겠지만, 가족 챙기려다 보면 매 끼니를 신경 쓰게 되죠.
그런데 매번 자주 내어도 질리지 않는 음식이 있으니 지금 소개하는
만만하지만, 맛은 늘 좋은 간단한 찌개 종류가 아닐까 싶어요. 참치 통조림과
두부와 기본양념만 갖추면 만들 수 있는 따끈한 찌개 말이죠.
텁텁한 듯 진하게 끓이면 어느새 밥 한 그릇 뚝딱 맛있게 비울 수 있어요.
반찬이 별로 없어도 이런 찌개 하나면 괜히 온몸과 마음이 따뜻해진답니다.

My Recipe

스마트폰으로 QR코드를
스캔하면 요리 과정을
동영상으로 볼 수 있어요

3~4인분
요리 시간 20분

주재료
멸치 다시마 육수 3컵(물 5컵
+국물 멸치 2줌(30g)+다시마
(5×5cm) 5장)
후춧가루 약간
참치 통조림 1통(150g)
두부 1모(300g)
양파 1/2개
대파 1/3대

양념장 재료
고춧가루 2
고추장 1
다진 마늘 1
초피액젓 1.5
청주 1

대체 식재료
참치 통조림 ▶ 스팸, 소시지,
 닭 가슴살 통조림
초피액젓 ▶ 까나리액젓

1. 냄비에 멸치 다시마 육수 재료인 물 5컵, 국물 멸치 2줌, 다시마 5장을 넣고 10분 정도 팔팔 끓여 체에 밭친다.

2. 참치는 기름을 빼고 두부는 한입 크기로 썬다. 양파는 굵직하게 채 썰고 대파는 송송 썬다.

3. 양념장 재료인 고춧가루 2, 고추장 1, 다진 마늘 1, 초피액젓 1.5, 청주 1을 골고루 섞는다.

4. 냄비에 멸치 다시마 육수 3컵을 넣고 양념장을 넣어 푼다. 양파를 넣고 센 불에 바글바글 끓인다.

5. 팔팔 끓으면 두부를 넣고 5~7분 정도 중간 불에 끓인다. 두부에 맛이 배면 참치와 대파를 넣고 5분 정도 더 끓여 후춧가루를 뿌리면 끝!

11 캠핑 고추장찌개

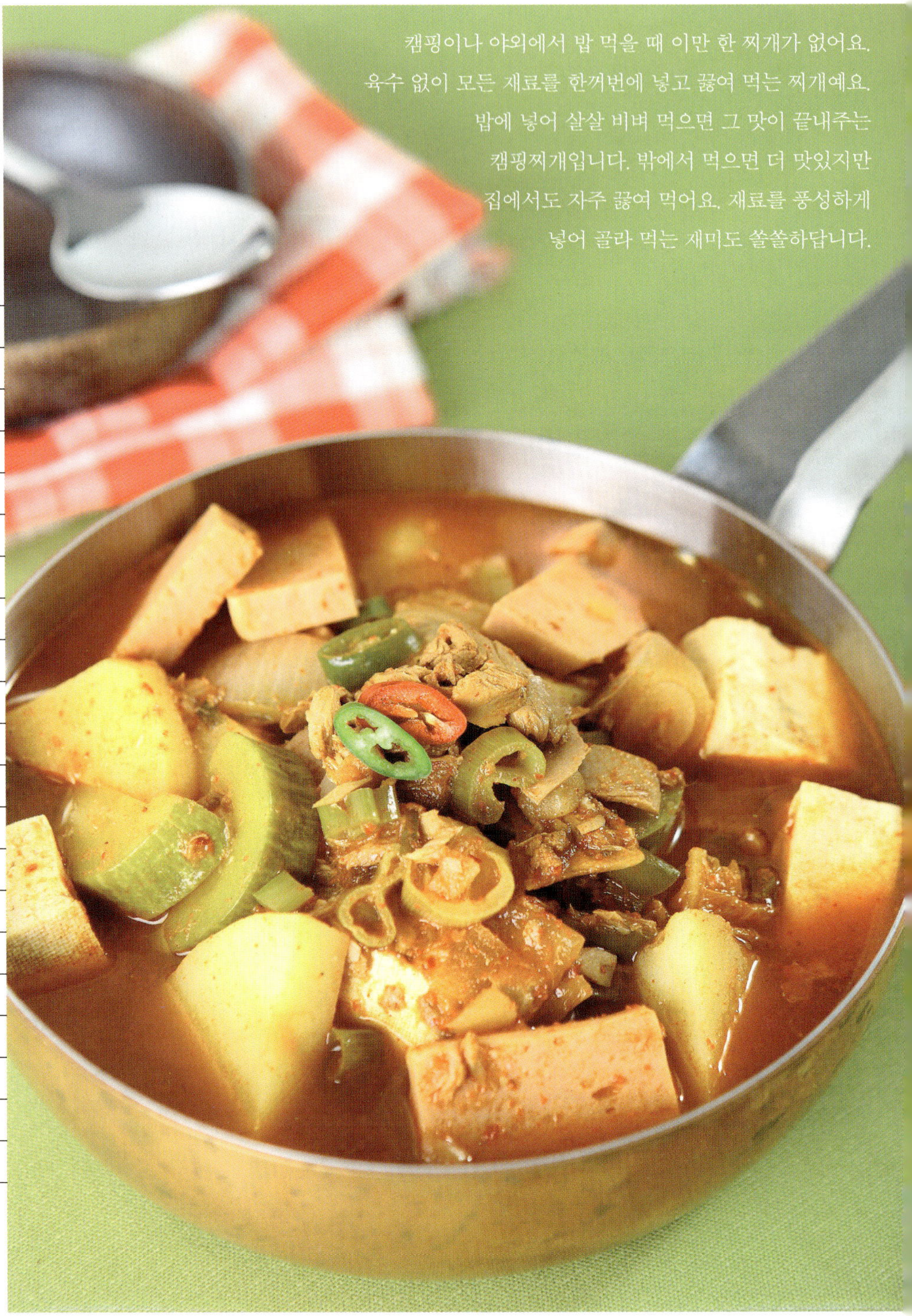

캠핑이나 야외에서 밥 먹을 때 이만 한 찌개가 없어요.
육수 없이 모든 재료를 한꺼번에 넣고 끓여 먹는 찌개예요.
밥에 넣어 살살 비벼 먹으면 그 맛이 끝내주는
캠핑찌개입니다. 밖에서 먹으면 더 맛있지만
집에서도 자주 끓여 먹어요. 재료를 풍성하게
넣어 골라 먹는 재미도 쏠쏠하답니다.

My Recipe

스마트폰으로 QR코드를
스캔하면 요리 과정을
동영상으로 볼 수 있어요

3~4인분
요리 시간 30분

주재료
감자 1개(200g)
애호박 1/3개
양파(중간 것) 1/2개
햄 2줌(200g)
두부 2/3모(200g)
대파 1/3대
청양고추 1개
물 3컵
고추참치 통조림 1통
신 김치(송송 썬 것) 1컵(100g)
소금 약간

양념장 재료
고추장 1
간장 2
김치 국물 4
고춧가루 1

대체 식재료
고추참치 ▶ 야채참치, 일반 참치

1. 감자, 애호박, 양파는 도톰하게 썬다. 햄과 두부는 한 입 크기로 썬다. 대파와 청양고추는 송송 썬다.

2. 냄비에 물 3컵을 붓고 감자, 애호박, 양파, 햄, 두부, 고추참치를 넣는다.

3. 고추장 1과 간장 2를 넣어 풀고 감자가 익도록 센 불로 푹푹 끓인다.

4. 5분 정도 팔팔 끓으면 신 김치와 김치 국물 4를 넣고 한소끔 더 끓인다.

5. 대파, 청양고추, 고춧가루 1을 넣어 한소끔 더 끓여 맛을 보아 소금으로 간하면 끝!

꿀팁

캠핑 가서 남은 고기나 어묵 등을 넣고 끓여도 맛있어요. 남은 재료들을 처리하기에도 딱 좋은 찌개예요.

RECIPE 12 콩나물 황태 해장국

뭔가 모르게 속이 편하지 않은 날에는 꼭 콩나물이 들어간 국물 요리를 찾게 돼요. 구수한 황태까지 더해서 만들면 속이 확 풀리겠죠? 단순하게 속만 풀리는 것이 아니라 마음의 응어리까지 확실하게 풀어주면 얼마나 좋을까? 가끔은 그런 말도 안 되는 생각이 들기도 해요.

My Recipe

스마트폰으로 QR코드를
스캔하면 요리 과정을
동영상으로 볼 수 있어요

6~7인분
요리 시간 30분

주재료
멸치 다시마 육수 12컵
(물 15컵+국물 멸치 4줌
(60g)+다시마(5×5cm 10장)
황태채 50g
콩나물 300g
송송 썬 대파 1/2대분

양념 재료
다진 마늘 0.5
새우젓 3
후춧가루 적당량

곁들임 양념장 재료
다진 청양고추 2
다진 마늘 0.5
고춧가루 2
맛술 1
국간장 1

추가 재료
김가루 적당량

대체 식재료
국간장 ▶ 참치진국

1. 냄비에 멸치 다시마 육수 재료인 물 15컵, 국물 멸치 4줌, 다시마 10장을 넣고 10분 정도 팔팔 끓여 체에 밭친다.

2. 황태채는 먹기 좋게 잘라 물 1/2컵을 골고루 흩뿌려 촉촉하게 한다.

3. 콩나물은 씻어서 체에 밭쳐 물기를 쪽 뺀다.

4. 냄비에 멸치 다시마 육수 12컵을 붓고 콩나물을 넣어 끓인다. 팔팔 끓으면 황태채를 넣고 중간 불에 바글바글 10~12분 정도 끓인다.

5. 양념 재료인 다진 마늘 0.5, 새우젓 3, 후춧가루 적당량, 송송 썬 대파를 넣고 한소끔 더 끓인다.

6. 끓이는 동안 다진 청양고추 2, 다진 마늘 0.5, 고춧가루 2, 맛술 1, 국간장 1을 섞어 곁들임 양념장을 만든다. 그릇에 국을 담고 김가루를 취향껏 얹고 양념장을 곁들이면 끝!

RECIPE 13 해물 순두부찌개

순두부찌개는 의외로 맛을 내기 참 힘든 찌개예요. 그렇다고 시판 양념장으로 만든 것은 몇 번 먹다보면 질리고, 식당에서 먹는 맛은 조미료가 너무 많이 들어간 짠맛이라 별로죠. 해물들을 모아 놓은 해물 믹스가 있다면 뚝딱 금방 만들어 먹을 수 있는 깔끔한 맛의 순두부찌개예요.

My Recipe

스마트폰으로 QR코드를
스캔하면 요리 과정을
동영상으로 볼 수 있어요

2인분
요리 시간 30분

주재료
순두부 1봉
해물 믹스 1컵(200g)
달걀 1개
물 1컵

양념장 재료
송송 썬 대파 4
고춧가루 2
다진 마늘 1
새우젓 1
간장 1
맛술 3

대체 식재료
새우젓 ▶ 초피액젓, 까나리액젓
해물 믹스 ▶ 해감 바지락, 조갯살, 새우살, 홍합살

1. 순두부 1봉과 달걀을 준비한다. 해물 믹스는 찬물에 헹궈 물기를 쪽 뺀다.

2. 볼에 양념장 재료인 송송 썬 대파 4, 고춧가루 2, 다진 마늘 1, 새우젓 1, 간장 1, 맛술 3을 한데 잘 섞는다.

3. 냄비에 순두부, 해물 믹스, 양념장을 넣는다. 양념장을 담은 볼에 물 1컵을 넣고 부셔서 붓는다.

송송 썬 대파나 쪽파를 더 넣어도 좋아요. 또 맛을 보아 소금과 후춧가루를 더하세요.

4. 맛이 잘 어우러지도록 바글바글 5분 정도 끓인다.

5. 달걀을 깨어 넣고 기호에 맞게 익히면 끝!

꿀팁

해물 믹스는 오징어, 조갯살, 홍합살, 새우살 등의 해물들을 손질해 먹기 좋게 잘라 냉동해 놓은 제품으로 마트 냉동코너에 가면 쉽게 구입할 수 있어요. 적어도 4~6가지 해물들이 믹스되어 있어서 다양한 해물을 한꺼번에 사용하기 좋아요. 냉동실에 보관했다가 찬물에 담가 해동해서 사용하면 돼요.

친근한 재료로 큰소리치면서 해 먹을 수 있는
별미 일품요리는 한 그릇만 먹어도 든든하고 배부르고,
반찬이 필요 없는 밥과 면 요리 중에 가장 자주 만들어 먹는,
다시 먹어도 맛있는 요리들로 엄선했어요.
또 밥보다 간식이 더 좋아 끼니가 되는 별식처럼 먹을 수 있는
토스트와 수프, 죽, 부침개 등도 담았어요.

매일 먹는 밥과 국 대신 차려 내는 일품요리들은
느닷없이 찾아오는 손님의 상에 낼 때도 참 유용하고,
매번 똑같은 음식을 대한다고 생각하는 우리 아이들에게도
엄마가 요리를 좀 하는 사람으로 보여질 수 있는
쉬운 요리들이랍니다. 평소 가족들에게 자주 해주어
익숙해지면 과감하게 손님 초대상에도 내보세요.

CHAPTER / 03

일품 요리

RECIPE 01 감자 양송이 수프

수프 한 가지만 딱 골라 끓여 먹어야 한다면 어떤 수프를 고를까 하다가 평소 패밀리 레스토랑에 가면 잘 먹는 감자 수프와 양송이 수프를 합친 수프로 선택했어요. 생크림을 넣지 않고 우유와 물로 농도를 맞춰 감자와 버섯의 맛을 온전히 즐길 수 있는 깔끔한 맛의 수프예요. 감자와 버섯의 식감이 살도록 맛있게 끓여보세요.

My Recipe

스마트폰으로 QR코드를 스캔하면 요리 과정을 동영상으로 볼 수 있어요

4인분
요리 시간 30분

재료
양송이버섯 4줌(200g)
감자 3개(350g 정도)
양파 1개(200g)
버터 2
물 1컵
우유 4컵+1컵
소금 0.5
통후추 적당량

대체 식재료
양송이버섯 ▶ 애느타리버섯

진한 갈색빛이 돌기 전까지 계속 볶으면 더 맛있어요.

1 양송이버섯은 밑동을 자르고 2등분한다. 감자는 껍질을 벗기고 듬성듬성 썬다.

2 양파는 가늘게 채 썬다.

3 달군 팬에 버터 2를 두르고 채 썬 양파를 넣어 중간 불에 계속 저어가면서 노릇하게 달달 볶는다.

곱게 가는 것보다 씹히는 맛이 살도록 살짝만 갈았어요.

4 이어서 양송이버섯, 물 1컵, 우유 4컵을 붓는다.

5 감자를 넣고 푹 익도록 7~8분 정도 뚜껑을 덮고 더 끓여 한 김 식힌다.

6 믹서나 블렌더로 재료의 입자가 살도록 갈아 냄비에 다시 넣는다.

7 믹서에 우유 1컵을 넣고 살살 부셔서 ⑥의 냄비에 넣고 끓인다. 바글바글 끓으면 소금 0.5와 통후추를 적당량 갈아 넣으면 끝!

RECIPE

02 국물떡볶이

떡볶이는 그야말로 국민 간식이죠! 개인적으로 빡빡한 떡볶이보다는 국물이 흥건해서 숟가락으로 떠먹을 수 있는 스타일을 좋아해요. 국물에 밥도 넣고 말아 먹을 수 있는 국물떡볶이를 만들 때는 어릴 때부터 친정엄마가 해주시던 떡볶이 느낌 그대로 만들어요. 친정엄마는 멸치 다시마 육수를 정성 들여 우려 떡볶이를 만들어 주셨거든요.

My Recipe

스마트폰으로 QR코드를
스캔하면 요리 과정을
동영상으로 볼 수 있어요

> 육수 내는 것이 여의치 않으면 참치한스푼이나 액상 조미료를 육수와 같은 물의 양에 1순가락을 넣어요.

1 멸치 다시마 육수는 물 5컵, 국물 멸치 2줌, 다시마 5장을 넣고 10분 정도 팔팔 끓여 체에 밭쳐 맑은 육수만 쓴다.

2 떡볶이떡은 물에 한두 번 씻어서 준비한다. 사각어묵은 길쭉하게 썰고 양배추 잎은 듬성듬성 썬다. 양파는 굵게 채 썰고 대파는 어슷하게 썬다.

3 냄비에 멸치 다시마 육수와 양념장 재료인 고추장 3, 고춧가루 1, 설탕 0.5, 간장 1, 올리고당 2, 다진 마늘 0.5를 넣고 끓인다.

> 떡의 익힘 정도나 국물의 양은 취향대로 끓이세요.

4 팔팔 끓으면 떡볶이떡을 넣고 이어서 사각어묵, 양배추 잎, 양파, 대파를 넣고 떡이 맛있게 익도록 10~12분 정도 끓이면 끝!

2~3인분
요리 시간 25분

주재료
멸치 다시마 육수 2컵+1/2컵
(물 5컵, 국물 멸치 2줌(30g), 다시마(5×5cm) 5장)
떡볶이떡 2컵(250g)
사각어묵 2장
양배추 잎 3장(150g)
양파(중간 것) 1/4개
대파 1/3대

양념장 재료
고추장 3
고춧가루 1
설탕 0.5
간장 1
올리고당 2
다진 마늘 0.5

대체 식재료
멸치 다시마 육수 2컵+1/2컵
▶ 물 2컵+1/2컵+참치한스푼이나 액상 조미료 1

RECIPE 03 김치밥

아이들이 어릴 때 이웃에 살던 언니가 종종 해 먹던 방법의 김치밥이에요.
늘 뚝배기에 재료를 넣고 날치알을 듬뿍 얹어 비벼 주었는데,
저는 양은냄비에 해보았어요. 갖은 양념장을 넣고 비비면 훨씬 맛있어서
김치가 주재료인 밥이지만, 아주 훌륭하고 근사한 한 끼 식사가 된답니다.

My Recipe

스마트폰으로 QR코드를
스캔하면 요리 과정을
동영상으로 볼 수 있어요

건더기가 가득한 양념장이에요.

1. 신 김치는 먹기 좋게 1cm 간격으로 잘라 2컵을 준비하고 양은냄비나 뚝배기도 준비한다.

2. 양념장 재료인 다진 홍고추 0.5, 다진 풋고추 1, 다진 파 2, 간장 1.5, 맛술 1, 올리고당 0.5, 참기름 2, 통깨 0.5를 한데 넣고 골고루 섞는다.

3. 중약 불로 달군 냄비에 참기름 2를 두르고 약한 불로 줄인다.

4. 냄비에 신 김치 썬 것을 넣고 밥을 얹는다.

5. 뚜껑을 덮고 바닥에서 탄 냄새가 올라올 때까지 익힌다. 탄 냄새가 나기 시작하면 20초를 세고 바로 불을 끈다.

6. 밥과 김치를 골고루 섞고 날치알 2를 넣은 다음 양념장을 넣어 비비면 끝!

2인분
요리 시간 20분

주재료
신 김치(송송 썬 것) 2컵(200g)
밥 2공기(400g)
참기름 2
날치알 2

양념장 재료
다진 홍고추 0.5
다진 풋고추 1
다진 파 2
간장 1.5
맛술 1
올리고당 0.5
참기름 2
통깨 0.5

대체 식재료
참기름 ▶ 들기름

RECIPE 04 김치 비빔국수

김치 비빔국수의 핵심은 맛있게 잘 익은 김치예요. 그동안 비빔국수는 고추장 맛으로 먹었는데요. 고추장 대신 깔끔한 양념장으로 김치를 양념하여 비빔국수를 만들었어요. 초고추장 맛이 아닌 오히려 김치의 맛이 기분 좋게 확 살아요. 양파 씹는 맛도 독특해서 저는 앞으로 이 레시피로 김치 비빔국수를 만들어 먹으려고 해요.

My Recipe

스마트폰으로 QR코드를 스캔하면 요리 과정을 동영상으로 볼 수 있어요

1. 신 김치는 먹기 좋게 1cm 폭으로 썰어 2컵을 준비한다. 양파는 잘게 다지듯 듬성듬성 썰고 쪽파는 송송 썬다.

2. 볼에 신 김치와 양파를 넣고 양념장 재료인 고춧가루 2, 설탕 0.5, 간장 3, 맛술 2, 올리고당 3, 식초 2, 참기름 1, 통깨 0.5를 넣고 조물조물 무친다.

3. 팔팔 끓는 물에 소면을 삶아 찬물에 헹궈 체에 밭쳐 물기를 뺀다.

4. 볼에 소면을 넣고 양념한 김치와 쪽파를 넣고 조물조물 무치면 끝!

2인분
요리 시간 20분

주재료
소면 2인분(160g)
신 김치(송송 썬 것) 2컵(200g)
양파 1/4개(50g)
쪽파 2대

양념장 재료
고춧가루 2
설탕 0.5
간장 3
맛술 2
올리고당 3
식초 2
참기름 1
통깨 0.5

대체 식재료
쪽파 ▶ 대파

05 깍두기볶음밥

김치볶음밥은 많이 해 먹지만 깍두기로 볶음밥은 잘 안 해 드시지요? 깍두기로 볶음밥을 하면 진짜 맛있어요. 특히 깍두기 씹는 맛이 일품이에요. 맛있게 볶으려면 잘 익은 깍두기를 준비하고 김치 국물도 넣어야 해요. 또 깍두기가 과하다 싶을 정도로 많이 넣어요. 밥 양도 줄이면서 씹는 운동도 되어 참 좋아요.

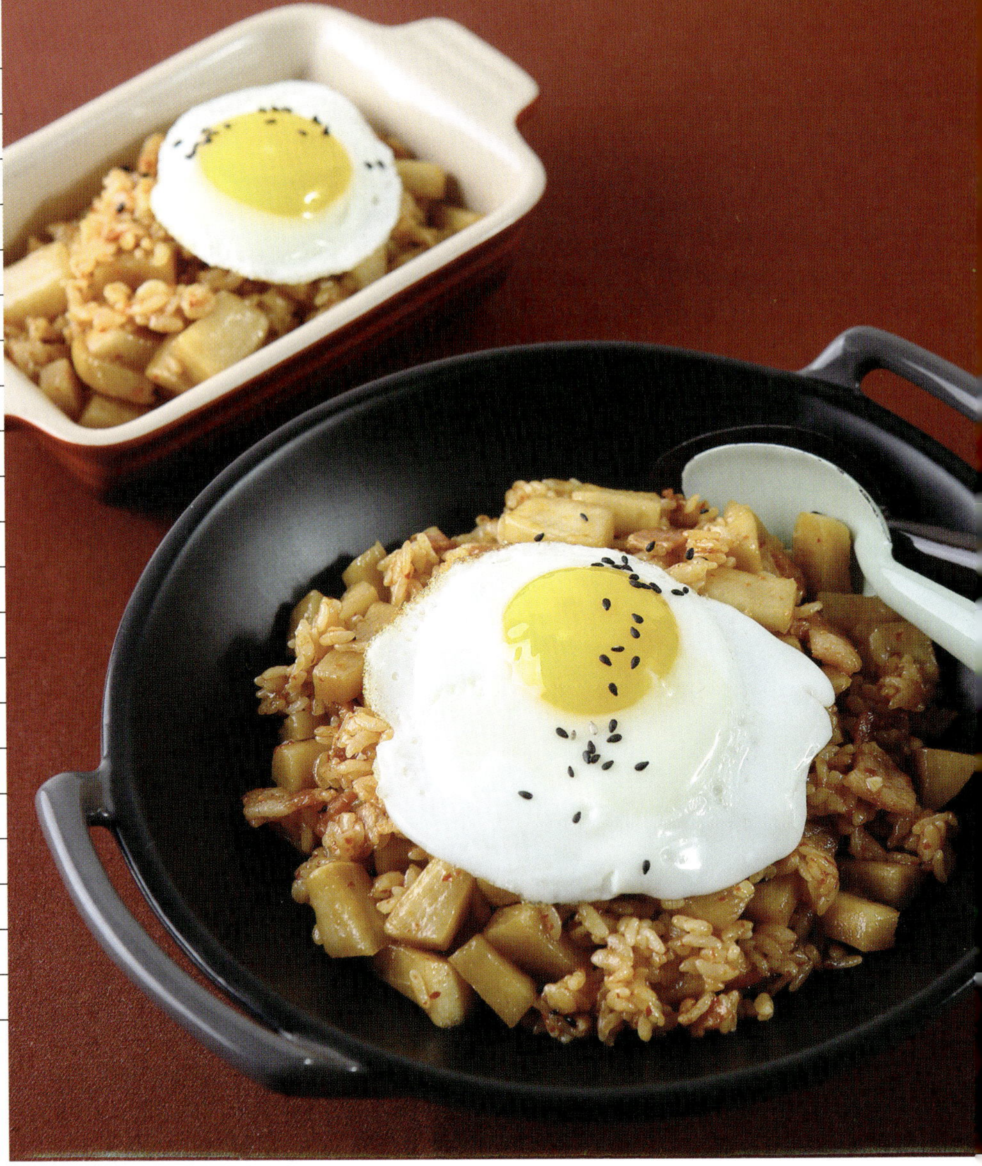

My Recipe

스마트폰으로 QR코드를 스캔하면 요리 과정을 동영상으로 볼 수 있어요

2인분
요리 시간 20분

주재료
깍두기 300g(2컵 정도)
베이컨 4장
달걀 2개
밥 1공기+1/2공기

양념 재료
깍두기 국물 7
굴소스 1
맛술 2
올리고당 1
참기름 1
검은깨 약간

대체 식재료
깍두기 ▶ 배추김치
베이컨 ▶ 햄, 소시지, 돼지고기
굴소스 ▶ 참치진국

> 팬 하나만 사용할 때는 먼저 달걀프라이부터 하면 편해요.

1 깍두기는 0.5cm 폭으로 썰고 베이컨은 1cm 폭으로 썬다.

2 프라이팬에 달걀을 깨어 넣고 노른자를 살려 달걀프라이 2개를 부쳐 그릇에 담아 둔다.

3 다시 팬을 달구어 자른 베이컨을 넣고 노릇하게 굽듯이 볶는다.

4 깍두기를 넣고 3~4분 정도 볶다가 양념 재료인 깍두기 국물 7, 굴소스 1, 맛술 2, 올리고당 1을 넣고 고루 섞이도록 볶는다.

5 밥을 넣고 주걱을 세워 밥과 재료가 잘 섞이도록 볶다가 참기름 1을 넣고 가볍게 볶는다. 그릇에 깍두기볶음밥을 나눠 담고 달걀프라이를 얹은 다음 검은깨를 솔솔 뿌리면 끝!

 꿀팁

❶ 깍두기 대신 잘 익은 배추김치로 만들어도 맛있어요. 대신 배추김치의 양은 조금 줄이세요.

❷ 대파나 쪽파를 마지막에 송송 썰어 넣으면 푸릇푸릇하여 더 먹음직스러워요.

❸ 볶음용 밥은 고슬고슬하게 지은 밥이나 시판 즉석밥이 잘 어울려요.

RECIPE 06 단무지무침 꼬마김밥

단무지만 들어갔다고 무시하지 마세요. 더 맛있으라고 크래미 맛살도 넣었어요. 맛깔스럽게 무친 단무지무침만 넣어도 김밥 맛이 좋아요. 여러 가지 많은 재료를 넣는 것보다 오히려 간단하면서도 맛은 더 깔끔해요. 단무지무침을 잔뜩 만들어 김밥을 싸면서 동네 둥이 친구들에게 줬더니 아주 잘 먹더라고요. 아이들이 잘 먹으면 엄마는 그저 신나요.

My Recipe

스마트폰으로 QR코드를 스캔하면 요리 과정을 동영상으로 볼 수 있어요

2인분
요리 시간 30분

주재료
크래미 맛살(김밥용) 2줄
밥 2공기(400g)
김밥용 김 5장

단무지무침 재료
단무지 5줌(250g)
다진 청양고추 0.5(생략 가능)
다진 대파 2
고춧가루 1
올리고당 0.5
참기름 1
통깨 1

밥 양념 재료
참기름 1
통깨 0.5
소금 0.3

대체 식재료
크래미 맛살 ▶ 햄

> 통단무지를 채 썰어 사용해도 좋아요.

1. 김밥용 단무지는 3등분하고 다시 길이로 4등분한다.

2. 볼에 단무지를 담고 단무지무침 재료인 다진 청양고추 0.5, 다진 대파 2, 고춧가루 1, 올리고당 0.5, 참기름 1, 통깨 1을 넣고 조물조물 무친다.

3. 크래미 맛살은 길이로 반 썰어 결대로 찢는다.

4. 따끈한 밥에 밥 양념 재료인 참기름 1, 통깨 0.5, 소금 0.3을 넣고 골고루 섞는다.

> 남은 단무지무침은 김밥에 곁들여 먹어요.

5. 김밥용 김은 가위로 4등분하여 자르고, 도마에 쭉 나열한다. 양념한 밥을 2숟가락씩 얹어 고루 펼치고 단무지무침과 크래미 맛살을 얹는다. 김 끝에 물을 묻혀 돌돌 만다.

6. 김밥에 참기름을 고루 바르고 통깨를 솔솔 뿌리면 끝!

RECIPE 07 달걀 베이컨 토스트

휴일이나 주말이면 아침부터 밥 차리기가 참 힘들어요. 그럴 때면 식빵을 이용한 별식을 생각하게 되는데요. 쉽게 만들 수 있어서 자주 해 먹는 토스트예요. 달걀 토스트에 곁들이는 과일잼과 토마토케첩의 은근한 조화가 매력적이에요.

My Recipe

스마트폰으로 QR코드를 스캔하면 요리 과정을 동영상으로 볼 수 있어요

1인분
요리 시간 20분

재료
식빵 2장
식용유 약간
달걀 1개
베이컨 2~3장(생략 가능)
체다 슬라이스 치즈 2장
딸기잼 2
토마토케첩 적당량
허니 머스터드 적당량(생략 가능)

대체 식재료
베이컨 ▶ 슬라이스 햄
딸기잼 ▶ 블루베리잼, 포도잼 등의 과일잼

* 이 레시피는 대충 계량해도 맛있어요!

> 구운 식빵이 눅눅해지지 않게 서로 기대서 세워두면 좋아요.

1 기름을 두르지 않은 팬에 식빵을 넣고 앞뒤로 노릇하게 구워 접시에 담아 둔다.

> 베이컨과 치즈가 짭짤하고 토마토케첩도 넣어서 소금은 따로 넣지 않아요.

2 달군 팬에 식용유를 살짝 두르고 달걀을 깨어 넣고 식빵 모양과 크기로 부친다. 부친 달걀은 따로 접시에 담아 둔다.

> 베이컨이 없다면 생략해도 돼요.

3 다시 달군 팬에 베이컨을 넣어 앞뒤로 굽는다.

4 구운 식빵에 딸기잼을 골고루 펴 바른다.

> 허니 머스터드는 생략하고 토마토케첩만 뿌려도 좋아요.

5 잼을 바른 식빵에 달걀, 체다 슬라이스 치즈, 베이컨, 체다 슬라이스 치즈 순으로 얹는다. 토마토케첩과 허니 머스터드를 지그재그로 뿌리고 식빵으로 덮으면 끝!

08 달걀 새우젓죽

새우젓과 달걀, 기본 채소로만 끓인 속 편한 죽이에요.
새우젓은 젓갈이라 냉동실에 보관하기도 편하고 달걀찜을 비롯해서
국이나 찌개, 반찬 등 여러 음식에 활용할 수 있어 좋아요.
새우젓으로 죽도 끓일 수 있는데, 비리지 않고 정말 맛있어요.
달걀을 얹고 김가루와 깨소금을 뿌려
예쁘게 장식하면 더 맛있어요.

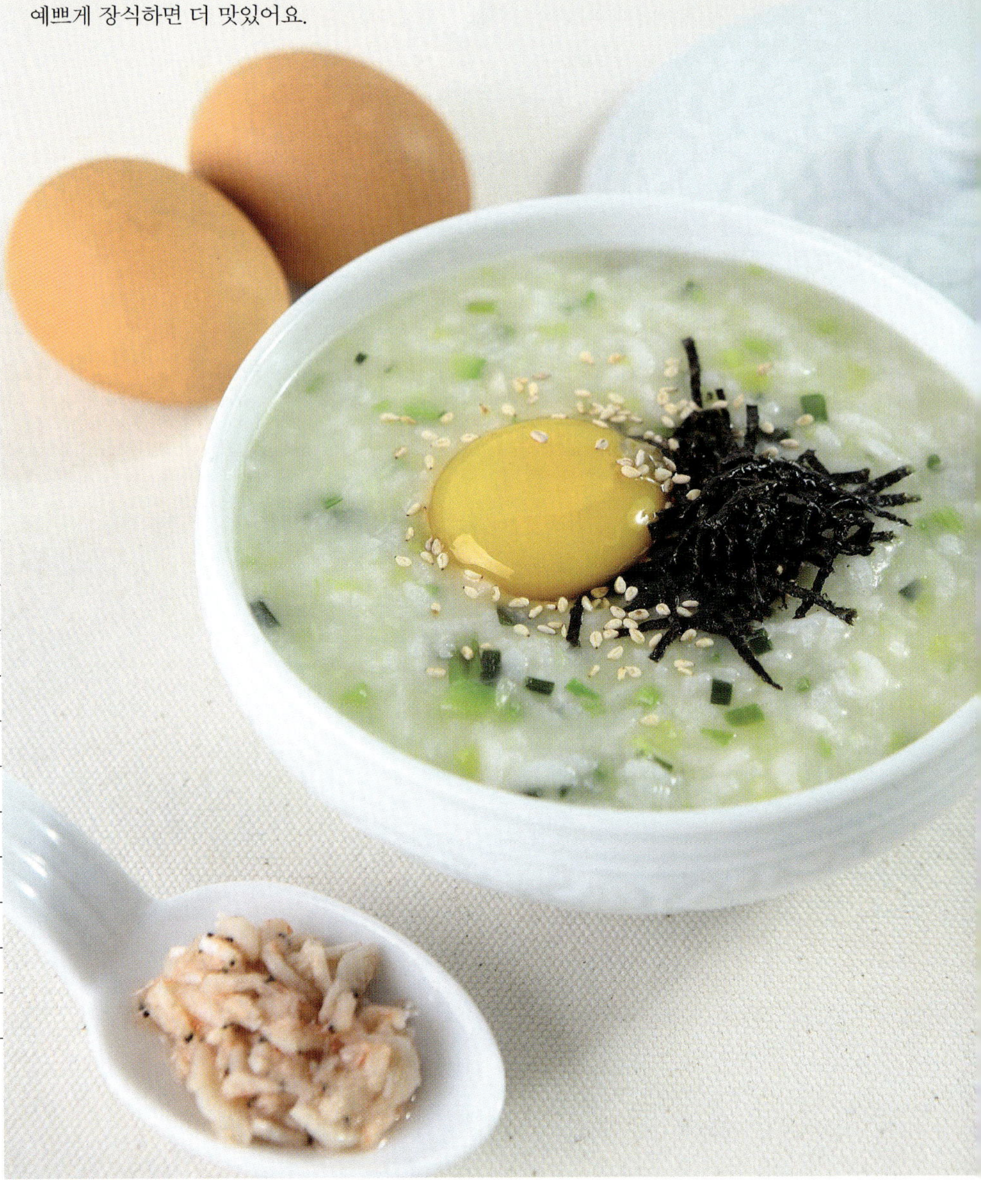

My Recipe

스마트폰으로 QR코드를
스캔하면 요리 과정을
동영상으로 볼 수 있어요

1~2인분
요리 시간 25분

주재료
밥 1공기
애호박 1/4개(90g)
쪽파 3대(생략 가능)
물 3컵

양념 재료
참기름 2
새우젓 1
후춧가루 약간

고명 재료
달걀노른자 2개분
김가루 적당량
깨소금 약간

대체 식재료
애호박 ▶ 파프리카

1. 애호박은 잘게 썰고 쪽파는 송송 썬다.

2. 팬에 참기름 2를 두르고 애호박, 쪽파, 새우젓을 넣고 1분 정도 달달 볶는다.

3. 밥을 넣고 재료가 잘 어우러지도록 중간 불에 1분 정도 볶는다.

4. 물 3컵을 넣고 밥알이 푹 퍼지도록 센 불에 중간 중간 저어가면서 끓인다.

참기름을 몇 방울 더 넣어도 좋고, 후리카케 등을 솔솔 뿌려도 좋아요.

5. 밥알이 푹 퍼지면 맛을 보아 소금과 후춧가루로 간을 한다. 그릇에 나눠 담고 고명 재료인 달걀노른자를 하나씩 얹고 김가루와 깨소금을 뿌리면 끝!

RECIPE

09 닭갈비

닭갈비를 집에서 만드는 것이 은근 귀찮으시죠?
사실 아무것도 아닌데 말이지요. 푸짐하게 만들면 넉넉하게
가족 모두 즐길 수 있는 메뉴로도 좋고, 또 양념된 닭갈비는
캠핑이나 놀러 가서 먹어도 참 좋은 1등 메뉴예요.
좋아하는 채소나 사리 등을 곁들여 드세요.
나중에 볶아 먹는 볶음밥은 무조건 필수고요!

My Recipe

스마트폰으로 QR코드를
스캔하면 요리 과정을
동영상으로 볼 수 있어요

2~3인분
요리 시간 30분

주재료
닭 다리살 5조각
양배추 잎 3줌(150g)
양파 1/2개
단호박 200g
대파 1/2대
떡볶이떡 1줌
깻잎 10장

닭 양념장 재료
고춧가루 2
카레가루 0.5
다진 마늘 1
고추장 2
간장 1
맛술 2
청주 2
올리고당 2

추가 양념 재료
참기름 1, 통깨 0.5

대체 식재료
떡볶이떡 ▶ 떡국떡
단호박 ▶ 고구마

1. 닭 다리살은 먹기 좋게 한 입 크기로 썬다.

2. 닭 다리살에 양념장 재료인 고춧가루 2, 카레가루 0.5, 다진 마늘 1, 고추장 2, 간장 1, 맛술 2, 청주 2, 올리고당 2를 한데 섞는다.

3. 양배추 잎은 큼직하게 썰고 양파는 굵게 채 썬다. 단호박은 먹기 좋게 썰고 대파는 어슷하게 썬다.

4. 달군 팬에 양념한 닭 다리살과 준비한 모든 재료를 넣고 골고루 섞이도록 볶는다.

5. 닭 다리살, 떡, 단호박 등이 잘 익도록 뚜껑을 덮고 중약 불에 10분 정도 중간 중간 저어가며 볶는다. 깻잎을 넣고 한 번 더 볶으면 끝!

꿀팁

먼저 채소와 떡, 닭을 먹고 남은 재료를 잘게 썰어 닭갈비 양념에 밥, 김가루, 참기름, 남은 반찬 등을 넣고 볶음밥을 만들면 참 맛있어요. 취향에 맞는 재료를 넣어 맛있게 볶아 드세요.

10 닭볶음탕

닭으로 만든 요리 중 가정에서 가장 많이 해 먹는 요리는
닭볶음탕 아닐까요? 여러 가지 방법이 있지만, 이렇게 만든 닭볶음탕이
가장 손쉽고 맛도 기본 이상은 되는 것 같아 소개할게요.
백종원 선생의 요리법을 참고했는데, 역시나 간단하고 깔끔한 맛의
닭볶음탕이에요.

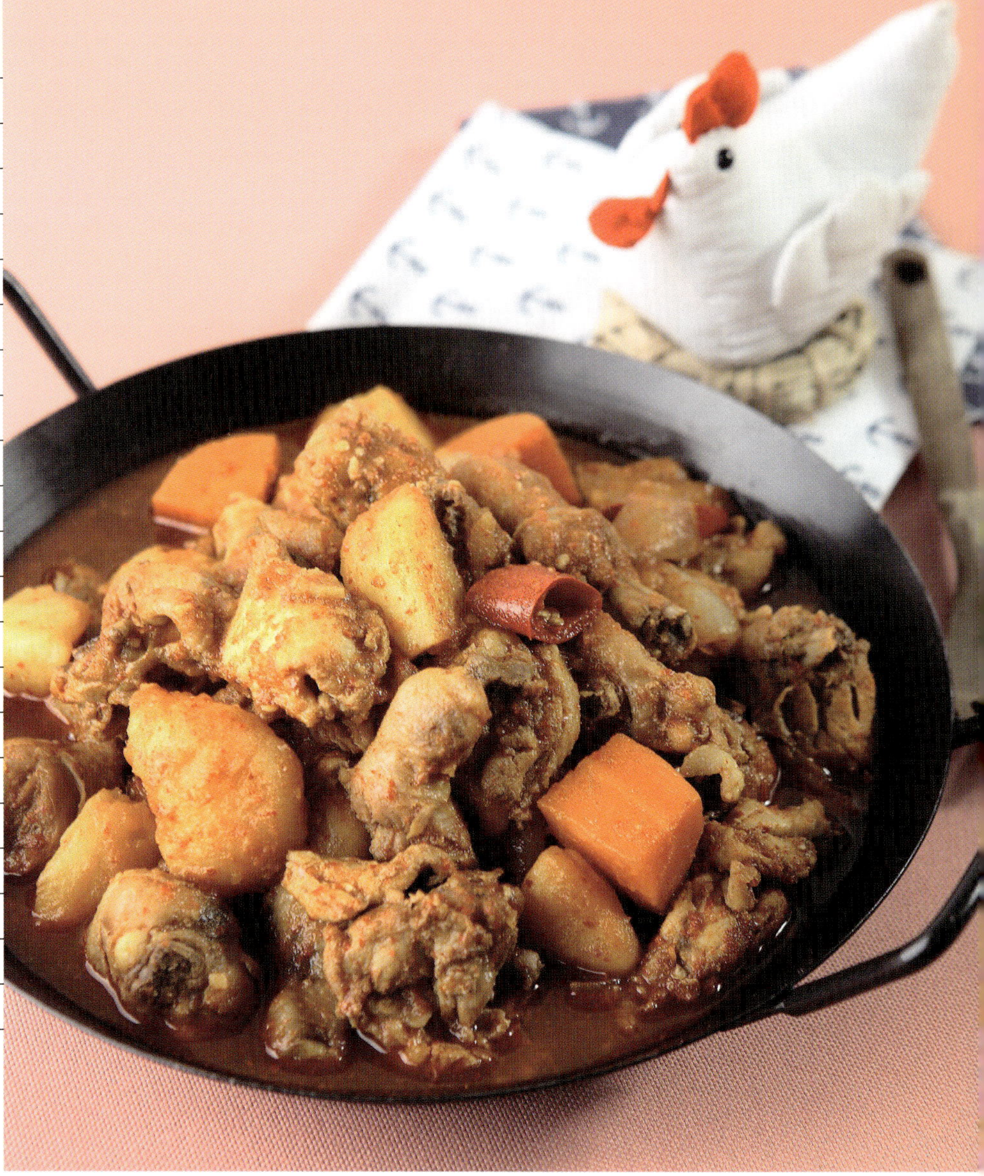

My Recipe

스마트폰으로 QR코드를
스캔하면 요리 과정을
동영상으로 볼 수 있어요

> 닭의 기름기가 싫다면 끓는 물에 따로 데쳐서 사용해도 좋아요.

1. 닭은 큼직한 기름을 제거하고 찬물에 서너 번 헹궈 물기를 쏙 뺀다.

2. 넓적한 냄비에 닭을 넣고 닭이 찰랑찰랑 잠길 정도로 물(4컵 정도)을 붓고 설탕 2를 넣고 센 불로 10~15분 정도 바글바글 끓인다.

3. 닭을 끓이는 동안 나머지 재료를 손질한다. 감자, 당근, 양파는 큼직하게 썬다. 대파, 청양고추, 홍고추는 댕강댕강 썬다.

4. 닭을 끓이는 동안 거품과 이물질을 체나 숟가락으로 중간 중간 걷어낸다. 이어서 다진 마늘 1.5, 다진 생강 0.3을 넣고 끓인다.

5. 감자, 당근, 양파, 대파, 청양고추, 홍고추를 넣고 간장 8과 참치진국 1을 넣고 센 불에 5~8분 정도 끓인다.

> 중간에 국물이 많이 졸았다 싶으면 뚜껑을 덮고 조려도 돼요.

6. 고춧가루 4와 올리고당 1을 넣고 닭과 재료가 모두 익고 맛이 충분히 우러나도록 3분 정도 더 조리듯 끓이면 끝!

3~4인분
요리 시간 40분

주재료
닭 1마리(800g~1kg)
감자 2개(200g)
당근 1/2개(100g)
양파 1/4개
대파 1대
청양고추 1개
홍고추 1/2개(생략 가능)
물 4컵

양념장 재료
설탕 2
다진 마늘 1.5
다진 생강 0.3
간장 8
참치진국 1
고춧가루 4
올리고당 1

대체 식재료
당근 ▶ 양파, 양배추
참치진국 ▶ 굴소스

RECIPE 11 닭불고기

예전에는 닭고기는 무조건 다 좋았는데 요즘은 닭 다리살이 맛있어요.
그래서 닭 다리살만 손질하여 파는 것을 구입해 요리를 하곤 해요. 기분에 따라서
껍질을 제거하기도 하고 껍질째 요리하는 경우도 있어요. 이 레시피는
닭 다리살에 집에 늘 있는 기본양념을 더하면 뚝딱 만들 수 있어요.
빨간색이 매콤하게 식욕을 자극하니 입맛 없을 때 드세요.

My Recipe

스마트폰으로 QR코드를
스캔하면 요리 과정을
동영상으로 볼 수 있어요

밑간은 5분 정도 하면 돼요.

1

닭 다리살은 찬물에 헹궈 키친타월로 물기를 톡톡 닦는다. 닭 밑간 재료인 소금과 후춧가루 약간씩, 청주 2를 골고루 뿌려 밑간을 한다.

2

양념장 재료인 고춧가루 1, 다진 마늘 1, 고추장 1, 간장 2, 맛술 2, 올리고당 2, 다진 생강 약간, 참기름 1을 한데 섞는다.

3

중간 불로 달군 팬에 닭 다리살을 넣고 뚜껑을 덮어 앞뒤로 노릇하게 속까지 익힌다.

4

양념장을 넣고 양념이 골고루 배도록 2~3분 정도 더 익혀 그릇에 담는다. 통깨를 솔솔 뿌리면 끝!

2인분
요리 시간 20분

주재료
닭 다리살(껍질 벗긴 것)
5~6조각(350g)
통깨 0.3

닭 밑간 재료
소금·후춧가루 약간씩
청주 2

양념장 재료
고춧가루 1
다진 마늘 1
고추장 1
간장 2
맛술 2
올리고당 2
다진 생강 약간
참기름 1

대체 식재료
다진 생강 ▶ 생강가루

꿀팁

❶ 닭은 속까지 충분히 익혀야 해요. 뚜껑을 덮고 구우면 기름도 튀지 않고 속까지 타지 않게 익힐 수 있어요.

❷ 껍질이 있는 닭을 구우면 팬이 금방 지저분해져요. 그럴 경우에는 익힌 닭을 꺼내 접시에 담아 두었다가 키친타월로 팬을 깨끗하게 닦은 다음 다시 넣고 조리하세요.

RECIPE

12 대파 달걀볶음밥

볶음밥 자주 해서 드시죠? 만만하게 늘 있는 재료인 대파와 달걀만 가지고 최고 맛있게 만들 수 있는 볶음밥을 소개할게요. 조리법을 그대로 따라 해보면 기본 이상의 볶음밥 맛이 나올 거예요.

My Recipe

스마트폰으로 QR코드를
스캔하면 요리 과정을
동영상으로 볼 수 있어요

1~2인분
요리 시간 20분

주재료
밥 1공기
대파 1대
달걀 2개
식용유 2+1
간장 1
통깨 약간
후춧가루 약간

달걀 양념 재료
맛술 0.5
소금 약간

대체 식재료
대파 ▶ 마늘종

1. 대파는 송송 썬다.

2. 달걀은 달걀 양념 재료인 맛술 0.5와 소금 약간을 넣고 거품기나 젓가락으로 곱게 푼다.

3. 중간 불로 달군 팬에 식용유 2를 두르고 달걀물을 넣어 밑면이 살짝 익으면 젓가락으로 휘휘 저어 스크램블에그를 만들어 그릇에 담아 둔다.

4. 다시 팬을 달구어 식용유 1과 대파를 넣고 대파 향이 달큰하게 나도록 타지 않게 2~3분 정도 달달 볶는다.

5. 대파를 한쪽으로 몰아넣고 간장 1을 넣은 다음 지글지글 끓이다가 대파와 섞어 볶는다.

6. 미리 데운 밥을 넣고 주걱을 세워 밥을 풀어가면서 잘 섞이도록 볶는다.

7. 밥이 충분히 볶아지면 스크램블에그를 넣고 볶아 통깨 약간과 후춧가루 약간을 뿌리고 가볍게 볶으면 끝!

13 데리야키 소스 닭고기덮밥

우리집 아이들이 닭고기를 너무너무 좋아해서 닭 요리를 자주 만들어 주는데요. 이 요리는 달콤한 데리야키 소스가 아이들 입맛에 딱 맞아 자주 해주는 메뉴예요. 그냥 반찬으로 먹어도 좋고, 밥에 얹어 먹으면 훌륭한 덮밥이 되는 요리죠. 아이들이 연신 "맛있다, 맛있다." 할 거예요.

My Recipe

스마트폰으로 QR코드를 스캔하면 요리 과정을 동영상으로 볼 수 있어요

> 채 썬 대파는 물에 담가야 싱싱하게 살아나요.

1. 데리야키 소스 재료인 마늘과 생강은 편으로 썰어 작은 팬에 넣는다. 설탕 1, 간장 3, 물 1/3컵, 맛술 3, 청주 3, 올리고당 2를 넣고 바글바글 끓인다.

2. 대파는 흰 부분만 길이로 반 자르고 심지를 빼고 가늘게 채 썬 다음 찬물에 담근다.

3. 닭 다리살에 닭 밑간 재료인 소금과 후춧가루 약간씩, 청주 1을 뿌려 밑간한다.

4. 달군 팬에 닭 다리살을 넣고 중약 불로 타지 않게 속까지 골고루 익힌다.

5. 데리야키 소스를 넣고 양념이 골고루 배도록 2~3분 정도 조린다.

6. 조린 닭 다리살은 먹기 좋게 썬다. 그릇에 밥을 담고 조린 닭 다리살을 얹은 다음 대파 채의 물기를 빼서 소복하게 얹으면 끝!

1인분
요리 시간 30분

주재료
닭 다리살(껍질 벗긴 것) 4조각 (300g)
대파 1대

데리야키 소스 재료
마늘 5쪽
생강 1톨
설탕 1
간장 3
물 1/3컵
맛술 3
청주 3
올리고당 2

닭 밑간 재료
소금·후춧가루 약간씩
청주 1

대체 식재료
대파 ▶ 베이비채소

14 돼지고기 두부덮밥

중국집 마파 두부덮밥을 가정식 스타일로 만들어 보았어요.
두반장 없이 집에 늘 있는 흔한 양념으로 만들었는데, 딱 제가 원하는
스타일의 덮밥이 되었네요. 간단하면서도 칼칼한 맛에
부드러운 두부의 식감을 즐길 수 있어요.

My Recipe

스마트폰으로 QR코드를
스캔하면 요리 과정을
동영상으로 볼 수 있어요

2인분
요리 시간 25분

주재료
다진 돼지고기 1컵(100g)
두부 1모(300g)
양파 1/4개
대파 1/3대
청양고추 1개
홍고추 1/3개
식용유 1
물 1컵

돼지고기 양념장 재료
고춧가루 1
설탕 0.5
고추장 1
간장 3
다진 마늘 1
맛술 3
참기름 0.5
후춧가루 약간

녹말물 재료
녹말 0.5
물 2

대체 식재료
돼지고기 ▶ 쇠고기, 오징어

1. 다진 돼지고기는 돼지고기 양념장 재료인 고춧가루 1, 설탕 0.5, 고추장 1, 간장 3, 다진 마늘 1, 맛술 3, 참기름 0.5, 후춧가루 약간을 넣고 조물조물 양념한다.

2. 두부는 가로, 세로 1.5cm 크기로 썬다. 양파는 잘게 썰고 대파, 청양고추, 홍고추는 송송 썬다.

3. 달군 팬에 식용유 1을 두르고 양파, 대파, 청양고추, 홍고추를 넣고 양파가 투명해질 때까지 볶는다.

4. 양념한 돼지고기를 넣고 고기가 익을 때까지 중간 불로 3~4분 정도 달달 볶는다.

> 취향에 따라 참기름과 통깨를 더 넣고 통후추를 갈아 넣어도 좋아요.

5. 물 1컵을 넣고 센 불에 끓여 바글바글 끓으면 두부를 넣는다. 두부에 양념이 잘 배어들도록 2분 정도 끓인다.

6. 녹말 0.5와 물 2를 섞는다. 불의 세기를 약한 불로 줄여 녹말물을 조금씩 나눠 넣고 주걱으로 저어가면서 걸쭉하게 농도를 맞추어 따끈한 밥에 덮밥 소스를 끼얹으면 끝!

RECIPE

15 돼지 함박스테이크

보통 함박스테이크는 쇠고기와 돼지고기를 반반 섞어 만들죠?
저는 돼지고기만 이용해서 만들어 보았는데 그 맛이 끝내주더라고요.
다소 밋밋할 수 있는 맛은 버섯 소스로 푸짐함을 더했어요.
냉동실에 얼려 두고 그때그때 소스만 만들어서 먹으면 언제든
우리집은 멋진 경양식집이 될 수 있어요.

My Recipe

스마트폰으로 QR코드를
스캔하면 요리 과정을
동영상으로 볼 수 있어요

5인분
요리 시간 40분

주재료
양파 1/2개(100g)
대파 2대
다진 돼지고기 500g
달걀 2개
식용유 적당량
발사믹 크림 적당량

양념장 재료
설탕 1
다진 마늘 2
간장 2
맛술 2
빵가루 1컵
소금 약간(0.2 정도)
후춧가루 0.3
생강즙 약간

버섯 소스 재료
애느타리버섯 1줌(50g)
버터 0.5
돈가스 소스 5
토마토케첩 5
물 1/2컵
올리고당 2
후춧가루 약간

대체 식재료
애느타리버섯 ▶ 양송이버섯, 양파
생강즙 ▶ 생강가루

1 양파는 잘게 다지고 대파는 송송 잘게 썬다. 달군 팬에 식용유를 살짝 두르고 다진 양파와 대파를 넣고 양파가 투명해질 때까지 달달 볶아 충분히 식힌다.

2 다진 돼지고기에 볶아서 식힌 양파와 대파를 넣는다. 양념장 재료인 설탕 1, 다진 마늘 2, 간장 2, 맛술 2, 빵가루 1컵, 소금 약간, 후춧가루 0.3, 생강즙 약간을 넣고 한데 섞는다.

3 비닐장갑을 끼고 반죽을 조물조물 찰기 있게 10분 이상 치댄다.

가운데를 움푹 들어가게 해야 구울 때 볼록하지 않고 전체적으로 고루 익어요.

4 반죽을 5덩이로 나눠 둥글 넓적하게 빚은 다음 가운데가 움푹 들어가도록 한다.

5 충분히 달군 팬에 식용유를 두르고 함박스테이크를 넣은 다음 중약 불에 한 면을 노릇하게 굽는다. 뒤집어서 물을 약간 넣고 뚜껑을 덮어 앞뒤로 노릇하게 굽는다.

6 버섯 소스 재료인 애느타리버섯을 가닥가닥 떼어낸다. 달군 팬에 버터 0.5를 두르고 버섯을 넣고 달달 볶다가 돈가스 소스 5, 토마토케첩 5, 물 1/2컵을 넣어 바글바글 끓인다. 마지막으로 올리고당 2와 후춧가루 약간을 뿌린다.

7 달군 팬에 달걀을 깨어 넣고 노른자를 살려 부친다.

8 그릇에 함박스테이크를 담고 버섯 소스를 취향대로 끼얹는다. 발사믹 크림을 지그재그로 뿌리고 달걀프라이를 얹으면 끝!

RECIPE 16 라이스페이퍼 만두

집에서 만두 만들기 참 번거롭죠? 만두피 대신 쌀로 만든 라이스페이퍼를 사용하면 간단하게 만두를 즐길 수 있어요. 베트남식 군만두는 만들기도 재미있고 수고 대비 맛도 훌륭해요. 식구들이 예상하지 못한 간식으로 깜짝 선보이면 좋아요.

My Recipe

스마트폰으로 QR코드를 스캔하면 요리 과정을 동영상으로 볼 수 있어요

16개
요리 시간 40분

주재료
크래미 맛살(작은 것) 6줄
사각어묵 1장
표고버섯 2개
양파 1/4개
풋고추 1개
라이스페이퍼 16장
식용유 적당량

양념 재료
다진 마늘 0.5
굴소스 1
후춧가루 약간

대체 식재료
표고버섯 ▶ 애느타리버섯, 양송이버섯
굴소스 ▶ 참치진국

> 소 재료는 냉장고에 있는 자투리 재료를 활용하세요.

1
크래미 맛살은 잘게 썰고 사각어묵도 잘게 다지듯 썬다. 표고버섯도 잘게 썰고 양파와 풋고추도 잘게 다진다.

> 일회용 비닐장갑을 끼고 주물럭주물럭 반죽해도 좋아요.

2
다진 소 재료를 볼에 넣고 양념 재료인 다진 마늘 0.5, 굴소스 1, 후춧가루 약간을 넣어 골고루 섞는다.

> 라이스페이퍼는 찬물에 담갔다가 꺼내야 오히려 잘 말아져요.

3
라이스페이퍼는 찬물에 2~3초 정도 담갔다가 꺼내어 도마에 깐다. 소 재료를 16등분하여 라이스페이퍼의 가운데로 몰아서 얹는다.

4
라이스페이퍼가 적당히 부드러워지면 감싸듯 돌돌 만다.

> 그냥 먹어도 좋고 스위트 칠리 소스를 찍어 먹어도 좋아요.

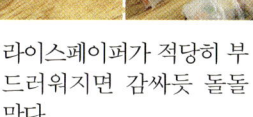

5
달군 팬에 기름을 넉넉하게 두르고 라이스페이퍼 만두의 간격을 띄워 얹는다. 앞뒤로 노릇하게 구우면 끝!

꿀팁

❶ 라이스페이퍼는 미지근한 물에 담그지 않아도 돼요. 찬물에 담갔다가 꺼내도 잘 말려요.

❷ 본래 베트남식 군만두인 짜조는 튀기지만 기름에 지지듯 굽는 것이 더 간편해요. 대신 서로 달라붙지 않게 간격을 띄우고 구워야 서로 들러붙지 않아요.

RECIPE 17 마약김밥

꼬마김밥에 톡 쏘는 겨자 소스를 더하면 그 맛이 더 특별해져요.
별것 아닌 것 같은데, 소스를 찍어 먹는 김밥의 맛이 괜찮네요.
한없이 먹다 보면 어느새 먹어야 하는 양을 초과하게 돼요.

My Recipe

스마트폰으로 QR코드를
스캔하면 요리 과정을
동영상으로 볼 수 있어요

> 소스 재료를 섞을 때 연겨자와 올리고당을 먼저 넣어 섞은 다음 나머지 재료를 넣고 섞으세요.

2인분
요리 시간 30분

주재료
따끈한 밥 2공기(400g)
김밥용 김 4장
단무지(김밥용) 4줄
당근 1/2개
시금치 100g
식용유 0.5
소금·참기름·통깨 적당량씩

소스 재료
연겨자 0.3
올리고당 1
간장 1
식초 0.5
허니 머스터드 소스 0.5
물 1

시금치 양념 재료
다진 마늘 0.3
참기름 0.3
소금 약간
통깨 약간

밥 양념 재료
참기름 1
통깨 0.5
소금 약간(0.2 정도)

대체 식재료
시금치 ▶ 부추

1 소스 재료인 연겨자 0.3, 올리고당 1, 간장 1, 식초 0.5, 허니 머스터드 소스 0.5, 물 1을 한데 섞는다. 김밥용 김은 가위로 4등분 한다.

2 단무지는 10cm 길이로 썰어 길게 2등분한다. 당근은 채 썰고 시금치는 지저분한 잎을 떼고 칼로 뿌리를 제거한 다음 한 장씩 뜯어 다듬는다.

3 끓는 물에 시금치를 넣고 20초 정도 휘휘 데쳐서 체에 밭쳐 물기를 꼭 짠다. 분량의 시금치 양념 재료인 다진 마늘 0.3, 참기름 0.3, 소금 약간, 통깨 약간을 넣고 소물소물 무친다.

4 달군 팬에 식용유를 약간 두르고 당근과 약간의 소금을 넣어 1분 정도 볶는다.

5 볼에 따끈한 밥을 넣고 밥 양념 재료인 참기름 1, 통깨 0.5, 소금 약간을 넣고 주걱을 세워 골고루 섞는다.

6 도마에 김을 깔고 밥을 2 숟가락씩 얹어 김의 5분의 4지점까지 고루 편다. 단무지, 당근, 시금치를 얹고 김 끝에 물을 묻혀 돌돌 만다.

7 김밥에 참기름을 골고루 바르고 통깨를 솔솔 뿌리면 끝!

RECIPE 18 명란파스타

처음에는 토마토소스의 파스타를 즐겨 먹다가 그다음에는 크림소스로,
다시 오일이 기본이 된 파스타를 좋아하게 된다고 하는데요.
저는 깔끔한 올리브오일이 들어간 파스타를 좋아해요.
기본 알리오 올리오에 기분에 따라 재료를 더하죠. 자주 먹는 이 파스타는
맛을 본 분들이 항상 깜짝 놀라요. 스파게티와 명란젓, 그리고 김가루만 있으면
쉽게 만들 수 있는 요리이니 꼭 한번 만들어 보세요.

My Recipe

스마트폰으로 QR코드를
스캔하면 요리 과정을
동영상으로 볼 수 있어요

1인분
요리 시간 20분

주재료
스파게티 1인분(80g)
굵은소금 0.5
명란젓 2덩이
마늘 4쪽
청양고추 1개
조미김 1장

양념 재료
올리브오일 3+1
맛술 2
스파게티 삶은 물 1/3컵
통후추 약간

대체 식재료
맛술 ▶ 화이트 와인

> 스파게티 삶은 물은 1/2컵 정도 따로 준비하세요.

1 스파게티는 팔팔 끓는 물에 굵은소금 0.5와 함께 넣고 끓인다. 끓기 시작하여 8분 정도 삶는다.

> 바로 삶아서 소스에 버무린다면 그냥 사용해도 되나 시간을 두고 사용할 것이라면 뜨거울 때 올리브오일을 적당량 넣어 버무리세요.

2 삶은 스파게티는 물에 헹구지 말고 체에 밭쳐 자연스럽게 식힌다.

3 면을 삶는 동안 명란젓은 껍질을 제거하여 속의 젓만 꺼내어 2순가락을 준비한다. 마늘은 편으로 썰고 청양고추는 송송 썬다.

> 김은 가위로 자르면 편해요.

4 팬에 올리브오일 3을 두르고 마늘을 넣고 타지 않게 볶아 마늘 향을 낸다. 마늘이 익으면 삶은 스파게티와 청양고추를 넣고 볶는다.

5 명란젓 2, 맛술 2, 스파게티 삶은 물 1/3컵을 넣어 재빨리 볶고 통후추를 갈아 넣고 올리브오일 1을 넣어 가볍게 버무린다. 그릇에 파스타를 담고 조미김을 가늘게 잘라 얹으면 끝!

꿀팁

❶ 올리브오일이 기본이 된 파스타를 만들 때는 면이 가는 것이 좋아요. 보통 면을 삶을 때는 봉지에 적힌 시간보다 1~2분 정도 덜 삶는 것이 맛있어요. 면은 취향대로 삶으세요.

❷ 파스타에 촉촉함을 더하고 수분과 맛을 조절하기 위해 스파게티 삶은 물을 사용하면 좋아요. 스파게티를 삶을 때 1/2컵 정도 늘 따로 떠놓는 습관을 가져보세요.

❸ 보통 파스타에 넣는 화이트 와인 대신 맛술을 넣었어요. 늘 화이트 와인이 집에 있지 않으니까요. 명란젓의 비린 맛도 날리고 맛도 한결 고급스러워지며 은은한 단맛도 나요.

RECIPE 19 버섯 달걀덮밥

버섯만 있으면 그냥 만들어 먹을 수 있는 만만하고 맛있는 버섯 달걀덮밥. 버섯에서 나오는 수분과 양념의 촉촉한 맛으로 맛있게 한 그릇 뚝딱 먹을 수 있는 덮밥이에요. 어떤 버섯이나 가능하고, 평소 좋아하는 식감의 버섯을 양에 맞게 쓰면 돼요. 노른자를 맛있게 살린 달걀프라이를 올려 훨씬 더 맛있었어요.

My Recipe

스마트폰으로 QR코드를 스캔하면 요리 과정을 동영상으로 볼 수 있어요

2인분
요리 시간 25분

주재료
밥 1공기+1/2공기
애느타리버섯 150g
새송이버섯(큰 것) 1개(100g)
청양고추 2개
대파 1/3대
식용유 1
달걀 2개

양념장 재료
식용유 1
다진 마늘 1
간장 3
맛술 2
올리고당 1
참기름 1
통깨 1
후춧가루 약간

대체 식재료
새송이버섯 ▶ 팽이버섯

1. 애느타리버섯은 밑동을 잘라 내어 가닥가닥 떼어낸다. 새송이버섯은 반으로 잘라 먹기 좋은 크기로 썬다. 청양고추와 대파는 어슷하게 썬다.

2. 달군 팬에 식용유 1을 두르고 다진 마늘 1을 넣고 달달 볶는다. 버섯을 넣고 3~4분 정도 볶다가 청양고추와 대파를 넣고 달달 볶는다.

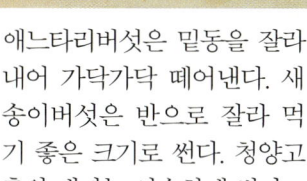

3. 버섯이 잘 볶아지면 불의 세기를 줄이고 나머지 양념장 재료인 간장 3, 맛술 2, 올리고당 1을 넣고 센 불에 볶는다. 마지막으로 참기름 1, 통깨 1, 후춧가루 약간을 넣고 잘 섞으면 버섯덮밥 소스 완성!

4. 달군 프라이팬에 식용유 1을 두르고 달걀을 깨어 넣어 노른자를 살려 부친다. 그릇에 밥을 나눠 담고 버섯볶음을 나눠 얹은 다음 달걀프라이를 하나씩 얹으면 끝!

RECIPE 20 버섯볶음덮밥

버섯은 마트에 가면 매일 있는데다 가격은 사철 내내 어찌나 저렴한지 자주 장바구니에 담게 되는 재료예요. 막상 가져오면 뭘 만들어 먹을까 고민하게 되는데, 버섯을 좋아하는 저는 건강한 한 그릇 덮밥으로 멋지게 만들어 먹어요. 어려서는 왜 이 버섯들이 그리도 싫었나 몰라요. 이 맛있는 것을 말이지요.

My Recipe

스마트폰으로 QR코드를 스캔하면 요리 과정을 동영상으로 볼 수 있어요

2인분
요리 시간 25분

주재료
밥 1공기+1/2공기
애느타리버섯 200g
새송이버섯(큰 것) 1개
양파 1/4개
식용유 2
통깨 0.5
베이비채소 4줌

양념장 재료
고춧가루 1
다진 마늘 0.5
간장 2
참치진국 2
맛술 1
올리고당 1
참기름 1

대체 식재료
참치진국 ▶ 굴소스
새송이버섯 ▶ 팽이버섯

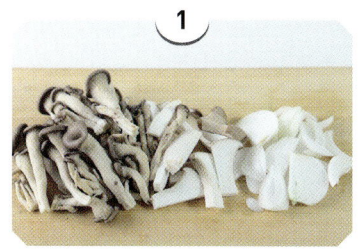

1. 애느타리버섯은 밑동을 잘라 가닥가닥 먹기 좋게 떼어낸다. 새송이버섯은 반으로 잘라 가늘게 썰고 양파는 채 썬다.

2. 양념장 재료인 고춧가루 1, 다진 마늘 0.5, 간장 2, 참치진국 2, 맛술 1, 올리고당 1, 참기름 1을 한데 섞는다.

버섯에서 나오는 수분이 바짝 졸아들 때까지 오래 볶으면 쫄깃한 맛이 살아나요.

3. 달군 팬에 식용유 2를 두르고 애느타리버섯, 새송이버섯, 양파를 넣고 3분 정도 달달 볶는다.

4. 양념장을 넣고 재료가 잘 어우러지게 달달 볶다가 통깨 0.5를 넣고 고루 섞는다.

5. 베이비채소는 찬물에 헹궈 물기를 뺀다. 그릇에 밥을 나눠 담고 버섯볶음과 베이비채소를 반으로 나눠 담으면 끝!

RECIPE 21 베이컨 양배추덮밥

냉장고에 있을 법한 만만한 재료인 베이컨과 양배추! 냉동실에 몇 장 남아 있는 베이컨을 꺼내서 아삭한 양배추를 더해 덮밥을 만들었어요. 매콤달콤하게 양념했더니 입맛이 확 살아나네요. 어느새 먹다 보면 한 그릇 뚝딱!! 매콤한 맛으로 입맛을 살살 돋워요.

My Recipe

스마트폰으로 QR코드를 스캔하면 요리 과정을 동영상으로 볼 수 있어요

2인분
요리 시간 20분

주재료
밥 2공기
베이컨 5장
양배추 잎 4장(200g)
양파 1/2개
대파 1/3대
청양고추 1개

양념 소스 재료
고춧가루 1
다진 마늘 1
굴소스 1
간장 2
맛술 2
올리고당 2

추가 양념 재료
참기름 1
통깨 0.5
후춧가루 약간

대체 식재료
베이컨 ▶ 햄, 소시지, 참치 통조림
굴소스 ▶ 참치진국

1. 양념 소스 재료인 고춧가루 1, 다진 마늘 1, 굴소스 1, 간장 2, 맛술 2, 올리고당 2를 한데 섞는다.

2. 베이컨과 양배추 잎은 1cm 폭으로 썬다. 양파는 채 썰고 대파와 청양고추는 어슷하게 썬다.

3. 달군 팬에 베이컨을 넣어 볶다가 양배추와 양파를 넣고 센 불에 2~3분 정도 달달 볶는다.

4. 양념 소스를 넣고 양념이 재료와 잘 섞이도록 2~3분 정도 볶는다.

5. 대파와 청양고추를 넣고 추가 양념 재료인 참기름 1, 통깨 0.5, 후춧가루 약간을 넣고 볶으면 덮밥 소스 완성! 그릇에 따끈한 밥을 담고 덮밥 소스를 얹으면 끝!

RECIPE 22 볶음잡채

잡채는 명절이나 잔칫날에 하는 특별한 음식으로 생각하시죠?
잡채가 먹고 싶으면 딱 먹을 양만 바로 만들어서 먹어요. 맛있는
백반집에 가면 채소만 넣어서 나온 잡채도 어찌나 반갑고 좋은지….
제가 알려드리는 즉석 잡채는 당면을 삶지 않고 불려서 볶아 만드는
볶음잡채라 더 쫄깃쫄깃 맛있어요. 잡채가 번거로운 요리라는
생각이 확 사라질 거예요.

My Recipe

스마트폰으로 QR코드를
스캔하면 요리 과정을
동영상으로 볼 수 있어요

1 당면은 미지근한 물에 30분 정도 불린다.

2 빨강 파프리카, 노랑 파프리카, 피망은 길이대로 채 썬다. 양파도 채 썬다.

3 양념장 재료인 다진 마늘 1, 설탕 1, 간장 5, 굴소스 2, 올리고당 2, 후춧가루 0.3, 참기름 3을 한데 섞는다.

2~3인분
요리 시간 20분
(당면 불리는 시간 30분)

주재료
당면 200g
빨강 파프리카(작은 것) 1개
노랑 파프리카(작은 것) 1개
피망 1개
양파 1/4개
식용유 2
통깨 1

4 달군 팬에 식용유 2를 두르고 준비한 채소를 모두 넣고 2~3분 정도 달달 볶는다.

5 불린 당면의 물기를 쭉 빼서 팬에 넣고 볶는다.

6 양념장을 넣고 잡채가 물기 없이 바짝 볶아지도록 달달 저어가며 볶는다. 전체적으로 잘 볶아지면 통깨 1을 솔솔 뿌리면 끝!

양념장 재료
다진 마늘 1
설탕 1
간장 5
굴소스 2
올리고당 2
후춧가루 0.3
참기름 3

대체 식재료
파프리카 ▶ 당근, 부추, 시금치 등의 채소
굴소스 ▶ 참치진국

꿀팁

❶ 당면이 꼬들꼬들한 것보다 푹 퍼진 것을 좋아한다면, 당면을 따로 삶아서 조리하면 좋아요. 또는 볶을 때 물을 1/3컵 정도 넣고 볶아도 돼요.
❷ 버섯이나 어묵, 고기 등을 넣어도 좋아요.
❸ 잡채는 생각보다 기름이 많이 들어가야 맛이 좋아요. 마지막에 취향껏 참기름을 더해보세요.

먹다 남은 잡채를 2컵 정도 준비하여 가위로 잘게 자르고, 달걀 3개를 깨어 넣어 골고루 섞어 반죽을 해요. 프라이팬에 반죽을 2숟가락씩 얹어 둥글게 펼쳐 부치다가 반으로 접어 만두 모양으로 부쳐 먹으면 맛있는 잡채 달걀만두를 만들 수 있어요.

23 안동찜닭

밖에서 사먹는 당면이 들어간 까무잡잡한 닭 요리. 한동안 안동찜닭의 붐이 일었던 적이 있어요. 사실 닭볶음탕만큼 쉬운 것이 안동찜닭이에요. 양념만 달리하면 온 가족이 맛있게 먹을 수 있는 푸짐한 찜닭이 완성돼요.

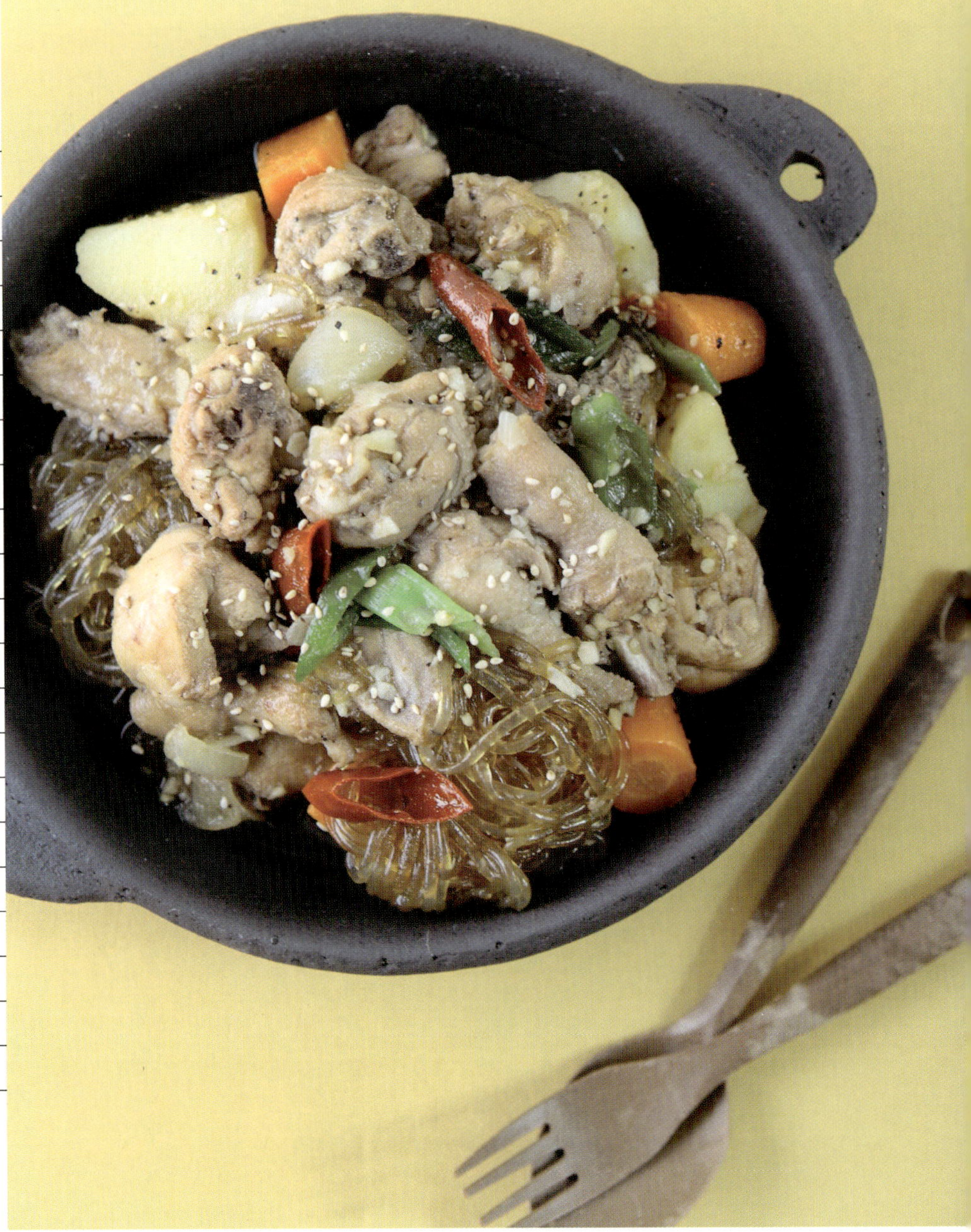

My Recipe

스마트폰으로 QR코드를 스캔하면 요리 과정을 동영상으로 볼 수 있어요

3~4인분
요리 시간 50분

주재료
닭 1마리(800g)
당면 100g
감자 1개(200g)
당근 1/3개(생략 가능)
양파 1/2개
대파 1/2대
청양고추 2개
홍고추 1개
물 4컵

닭 데치는 물 재료
물 7컵
청주 2

양념장 재료
물 4컵
간장 12
참치진국 1
맛술 2
흑설탕 2
다진 마늘 2
올리고당 4
후춧가루 약간

대체 식재료
홍고추 ▶ 마른 고추
참치진국 ▶ 굴소스
흑설탕 ▶ 설탕

1. 닭은 큼직한 기름을 떼어내고 찬물에 여러 번 헹궈 물기를 뺀다. 닭이 크면 다리 부분에 칼집을 낸다.

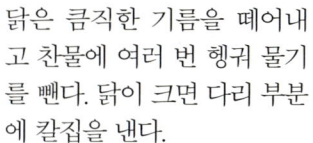

2. 당면은 미지근한 물에 30분 정도 불린다. 감자, 당근, 양파는 큼직하게 썬다. 대파, 청양고추, 홍고추는 어슷하게 썬다.

3. 냄비에 물 7컵을 넣고 끓여 팔팔 끓으면 청주 2를 넣는다. 손질한 닭을 넣고 3분 정도 데쳐서 찬물에 깔끔하게 헹군 다음 기름기와 이물질을 제거한 다음 물기를 뺀다.

> 중간 중간 위로 뜨는 기름과 이물질은 제거하세요.

4. 냄비에 물 4컵과 데친 닭을 넣고 양념장 재료인 간장 12, 참치진국 1, 맛술 2, 흑설탕 2를 넣고 끓인다.

5. 바글바글 끓으면 감자, 당근, 양파를 넣고 센 불에 10분 정도 끓인다.

6. 불린 당면과 대파, 청양고추, 홍고추를 넣고 나머지 양념장 재료인 다진 마늘 2, 올리고당 4, 후춧가루 약간을 넣고 2~3분 정도 더 끓이면 끝!

RECIPE 24 연어 무쌈말이

특별한 날 어떤 음식을 만들어야 좋을지 고민되시죠? 어렵지 않으면서도
만들어 놓으면 폼 나서 어깨가 으쓱해지는 요리가 바로 무쌈말이예요.
훈제연어를 넣으면 맛도 좋지만 보기에도 아주 훌륭해요.
누구에게나 칭찬받는 요리가 될 거예요.

My Recipe

스마트폰으로 QR코드를
스캔하면 요리 과정을
동영상으로 볼 수 있어요

**4인분
요리 시간 30분**

주재료
달걀 2개
소금 약간
식용유 약간
당근 1/4개
게맛살 3줄
양파 1/2개
무순 1팩
훈제연어 슬라이스 10장(생략 가능)
시판 쌈무 1팩

겨자 소스 재료
연겨자 0.5
설탕 0.5
식초 2
올리고당 1
간장 1

대체 식재료
당근 ▶ 빨강 파프리카
달걀지단 ▶ 노랑 파프리카

1 달걀은 소금을 약간 넣고 푼다. 달군 팬에 달걀물을 부어 지단을 부쳐 식혀서 채 썬다.

> 노란 연겨자의 색을 살리고 싶다면 간장 대신 소금을 넣으세요.

2 당근, 게맛살, 양파는 채 썬다. 무순은 씻어 물기를 쪽 빼고 훈제연어 슬라이스는 2~3등분한다.

3 겨자 소스 재료인 연겨자 0.5, 설탕 0.5, 식초 2, 올리고당 1, 간장 1을 한데 섞는다.

4 시판 쌈무는 물기를 꼭 짠다. 쌈무에 훈제연어 슬라이스를 가운데에 얹고 게맛살, 달걀지단, 양파, 당근, 무순을 가지런히 얹는다.

5 고깔 모양으로 모양을 잡아 접시에 담고 겨자 소스를 곁들이면 끝!

RECIPE 25 오므라이스

우리집 아이들이 제가 해줄 때마다 환호성을 지르는 요리는 바로 오므라이스. 이렇게 만들어 주면 정성이 가득해서 마치 요리다운 요리를 한 기분이 들거든요. 요리하는 엄마는 힘들어도 아이들이 좋아하니 그저 이렇게 만들 수밖에요! 달걀지단 안에 볶음밥을 넣는 방법은 영상으로 확인해 보세요.

My Recipe

스마트폰으로 QR코드를 스캔하면 요리 과정을 동영상으로 볼 수 있어요

2인분
요리 시간 30분

주재료
당근 1/7개(30g)
대파 1/2대
베이컨 3장
따끈한 밥 1공기+1/2공기 (300g)
달걀 2개
발사믹 크림(생략 가능)
파슬리가루 약간

소스 재료
애느타리버섯 100g
버터 0.5
다진 양파 3
토마토케첩 4
돈가스 소스 4
올리고당 2
물 1/2컵
후춧가루 약간

볶음밥 양념 재료
식용유 1
토마토케첩 2
간장 1

대체 식재료
베이컨 ▶ 햄
피망 ▶ 파프리카

1. 달군 팬에 버터를 두르고 다진 양파를 넣어 투명해질 때까지 볶는다. 이어서 애느타리버섯을 넣고 토마토케첩 4, 돈가스 소스 4, 올리고당 2, 물 1/2컵, 후춧가루 약간을 넣어 농도 있게 조리듯 끓여서 소스를 만든다.

> 양파는 가로, 세로 0.5cm 크기로 썰어요.

2. 당근은 가로, 세로 0.5cm 크기로 썰고 대파는 송송 썬다. 베이컨은 1cm 폭으로 썬다. 소스 재료인 애느타리버섯은 밑동을 자르고 가닥가닥 뗀다.

3. 달군 팬에 식용유 1을 두르고 베이컨, 당근, 양파, 피망을 넣고 중간 불에 2분 정도 볶는다. 따끈한 밥을 넣고 볶음밥 양념 재료인 토마토케첩 2와 간장 1을 넣고 2분 정도 볶아 접시에 담는다.

4. 볼에 달걀을 깨어 넣고 잘 푼다. 팬을 달구어 식용유를 살짝 두르고 달걀물의 반만 넣어 팬을 돌려가면서 넓게 펼쳐 부친다. 윗면이 살짝 익으면 볶음밥의 반을 가운데에 얹고 달걀지단 양쪽을 접어 오므라이스 모양을 완성한다.

> 발사믹 크림은 취향껏 넣으세요.

5. 그릇을 팬에 얹고 팬을 뒤집어서 접시에 오므라이스를 담는다. 오므라이스에 칼집을 넣고 소스를 끼얹은 다음 발사믹 크림을 뿌리고 파슬리가루를 뿌리면 끝!

RECIPE 26 잔치국수

잔치국수 하면 외할머니가 떠올라요. 어려서 시골 외할머니댁에
놀러 가면 꼭 이렇게 잔치국수를 말아 주셨거든요.
제가 만든 잔치국수의 포인트는 바로 고추볶음이에요.
잔치국수에 칼칼한 고추볶음이 어떤 어우러짐의 맛을 내는지
상상하며 만들어 보세요.

My Recipe

스마트폰으로 QR코드를
스캔하면 요리 과정을
동영상으로 볼 수 있어요

2~3인분
요리 시간 30분

주재료
소면 2인분(160g)
신 김치(송송 썬 것) 1컵(100g)
쪽파 2대
김가루 적당량
고춧가루 적당량

멸치 다시마 육수 재료
물 10컵
국물 멸치 40마리
다시마(5×5cm) 2장
초피액젓 1
소금 적당량

고추볶음 재료
청양고추 10개
풋고추 10개
들기름 3
초피액젓 2
간장 1
맛술 1
올리고당 1

대체 식재료
쪽파 ▶ 미나리
초피액젓 ▶ 까나리액젓

1. 냄비에 멸치 다시마 육수 재료인 물 10컵, 국물 멸치 40마리, 다시마 2장을 넣고 푹 끓인다.

이렇게 육수를 준비하여 따끈하게 데워서 삶은 국수에 부으면 돼요.

2. 멸치와 다시마를 건져내고 체에 밭쳐 맑은 육수만 받아낸 다음 초피액젓 1과 소금 적당량을 넣는다.

손으로 잘게 다져도 돼요. 고추의 양은 기호에 따라 가감하세요.

3. 고추볶음 재료인 청양고추와 풋고추는 믹서나 블렌드에 잘게 간다.

4. 팬에 들기름 3을 두르고 간 고추를 넣고 달달 볶는다. 2~3분 정도 볶다가 초피액젓 2, 간장 1, 맛술 1, 올리고당 1을 넣고 바짝 볶는다.

5. 신 김치는 1cm 길이로 송송 썰어 준비하고 고추볶음도 함께 준비한다.

6. 소면은 끓는 물에 삶아 찬물에 헹궈 물기를 빼서 그릇에 담는다. 끓고 있는 육수를 소면에 붓고 쪽파, 김가루, 고춧가루를 넣고 고추볶음과 신 김치를 취향대로 곁들이면 끝!

꿀팁

❶ 냄비에 물을 넉넉하게 넣고 끓여 팔팔 끓으면 소면을 넣고 삶아요. 다시 끓어오르면 찬물을 두 번으로 나눠 넣고 삶으면 쫄깃쫄깃해요.

❷ 고추볶음은 잔치국수뿐 아니라 밥에 넣고 비벼 먹어도 맛있어요.

RECIPE 27 참치 마요덮밥

엄청 잘 먹는 식구가 많을 때는 간편하게 만들어 주는 음식 하나쯤은
있어야 해요! 오늘은 5분 만에 뚝딱 만들 수 있는 덮밥 하나 소개할게요.
아이들이라면 다 좋아하는 참치 마요덮밥인데요. 주먹밥도 참치 마요
주먹밥이 맛있잖아요. 밥과 참치와 김이 내는 맛을 덮밥으로 즐겨 보는 거죠.
쓱싹쓱싹 비벼서 먹으면 밥과 양념된 참치, 김가루, 상추의 조화가
꿀맛이에요. 양념으로 넣는 생와사비가 신의 한수예요.

My Recipe

스마트폰으로 QR코드를
스캔하면 요리 과정을
동영상으로 볼 수 있어요

> 와사비를 넣으면 느끼하지 않고 독특한 맛을 낼 수 있어요.

1
참치 통조림은 기름을 쪽 뺀다. 양파는 잘게 다지듯 썰고 상추는 1cm 폭으로 썬다.

2
볼에 참치와 양파를 넣고 양념 재료인 마요네즈 4, 생와사비 0.5, 설탕 1, 식초 1, 통깨 1을 넣고 골고루 섞는다.

3
소금과 후춧가루를 적당량씩 넣고 잘 섞는다.

4
그릇에 밥을 1공기씩 담고 상추를 적당량 얹은 다음 양념한 참치를 나눠 얹는다. 조미김을 부수어 적당량 얹고 송송 썬 대파를 얹으면 끝!

2인분
요리 시간 10분

주재료
밥 2공기
참치 통조림 1개(150g)
양파 1/2
상추 6장
조미김 1장
송송 썬 대파 약간

양념 재료
마요네즈 4
생와사비 0.5
설탕 1
식초 1
통깨 1
소금·후춧가루 적당량씩

대체 식재료
참치 통조림 ▶ 스팸, 닭 가슴살 통조림, 먹다 남은 프라이드 치킨
대파 ▶ 쪽파

꿀팁

❶ 참치에 와사비를 넣으면 참치의 비린 맛도 없애고 깔끔한 맛이 나요. 생략해도 되지만 넣으면 맛이 확실히 달라요.

❷ 참치 마요덮밥을 김에 싸서 먹으면 참치 마요 삼각김밥 맛과 유사해요.

RECIPE 28 칼국수

유명 맛집의 칼국수를 흉내내 보았어요.
그다지 특별한 재료를 넣지 않았음에도 재료들이
조화를 이루어 늘 맛있게 먹어요. 옛날 느낌이 물씬 나는
칼국수로 언제 먹어도 구수함이 묻어나 정겨워요.

My Recipe

스마트폰으로 QR코드를
스캔하면 요리 과정을
동영상으로 볼 수 있어요

> 국물만 걸러 7컵 정도 준비하세요.

1 멸치 다시마 육수는 물 10컵, 국물 멸치 3줌, 다시마 10장을 넣고 10분 정도 팔팔 끓여 체에 밭쳐 맑은 육수만 쓴다.

2 냄비에 멸치 다시마 육수를 넣고 끓여 팔팔 끓으면 칼국수를 넣고 젓가락으로 휘휘 저어가면서 끓인다.

3 3~4분 정도 지나 면이 어느 정도 익으면 양념 재료인 다진 마늘 0.5와 참치진국 1로 양념한다.

4 송송 썬 쪽파를 넣고 맛을 보아 소금과 후춧가루로 간을 한다. 볼에 달걀을 깨어 풀고 냄비에 휘휘 돌려 풀어 넣는다.

5 달걀이 살짝 익을 때까지 끓여 그릇에 담고 곁들이 재료인 김가루, 고춧가루, 들깨가루를 취향대로 뿌리면 끝!

2인분
요리 시간 30분

주재료
멸치 다시마 육수 7컵
(물 10컵+국물 멸치 3줌
(50g)+다시마(5×5cm) 10장)
칼국수 2인분(300g)
송송 썬 쪽파 2대분
달걀 1개

양념 재료
다진 마늘 0.5
참치진국 1
소금·후춧가루 적당량씩

곁들이 재료
김가루·고춧가루·들깨가루
적당량씩

대체 식재료
칼국수 ▶ 생면
쪽파 ▶ 대파
참치진국 ▶ 국간장

RECIPE

29 크래미 맛살 유부초밥

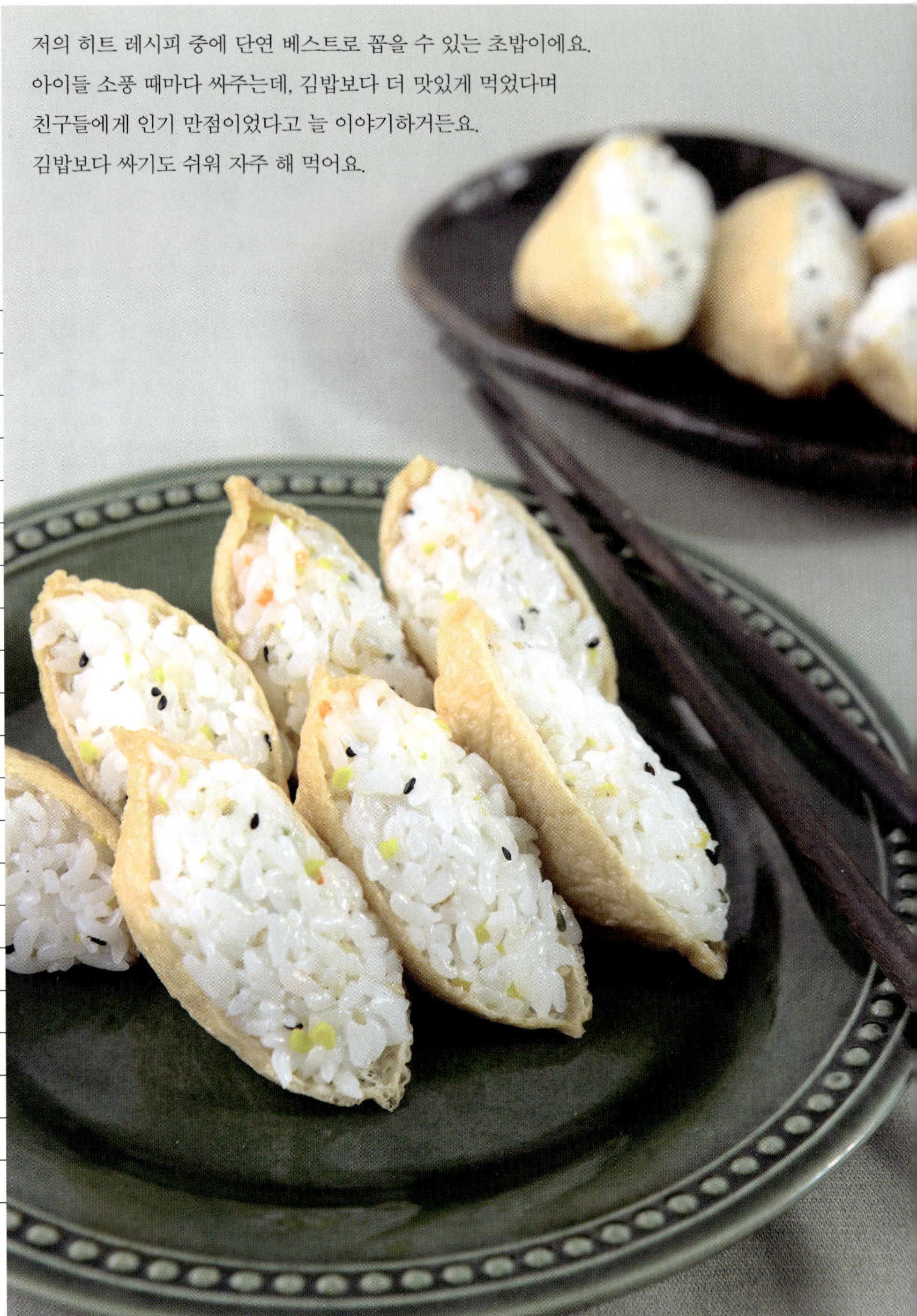

저의 히트 레시피 중에 단연 베스트로 꼽을 수 있는 초밥이에요.
아이들 소풍 때마다 싸주는데, 김밥보다 더 맛있게 먹었다며
친구들에게 인기 만점이었다고 늘 이야기하거든요.
김밥보다 싸기도 쉬워 자주 해 먹어요.

My Recipe

스마트폰으로 QR코드를
스캔하면 요리 과정을
동영상으로 볼 수 있어요

2인분
요리 시간 20분

주재료
밥 수북하게 1공기(250g)
유부초밥 1봉(2인분짜리 14개)

크래미 샐러드 재료
크래미 맛살(작은 것) 5줄(90g)
다진 양파 3
다진 오이피클 2
날치알 2(생략 가능)
마요네즈 3
허니 머스터드 0.5
레몬즙 0.5(생략 가능)
후춧가루 약간

> 날치알과 레몬즙은 없으면 빼도 돼요.

1. 큰 볼에 크래미 맛살을 결대로 찢어 넣는다. 나머지 크래미 샐러드 재료인 다진 양파 3, 다진 오이피클 2, 날치알 2, 마요네즈 3, 허니 머스터드 0.5, 레몬즙 0.5, 후춧가루 약간을 넣고 골고루 섞는다.

2. 따끈한 밥에 조미볶음과 초밥용 소스를 넣고 골고루 섞는다.

3. 조미된 유부에 크래미 맛살 샐러드를 반쯤 꾹꾹 눌러 채운다.

4. 초밥을 볼록하게 채우면 끝!

30 크림소스 파스타

파스타 만드는 것은 일도 아닌 거 아세요? 더구나 제일 만들기 쉽고 맛을 내기 쉬운 스파게티는 크림소스 파스타예요. 아이들이 좋아해서 자주 만드는 크림소스 파스타는 항상 이 레시피로 만들어 먹었어요. 함께 넣은 잘게 썬 청양고추와 대파가 크림의 느끼한 맛을 확 잡아줄 거예요. 양을 적당히 만들어 함께 나눠 먹어야 맛있어요. 한 그릇 다 먹으면 질릴 수밖에 없죠.

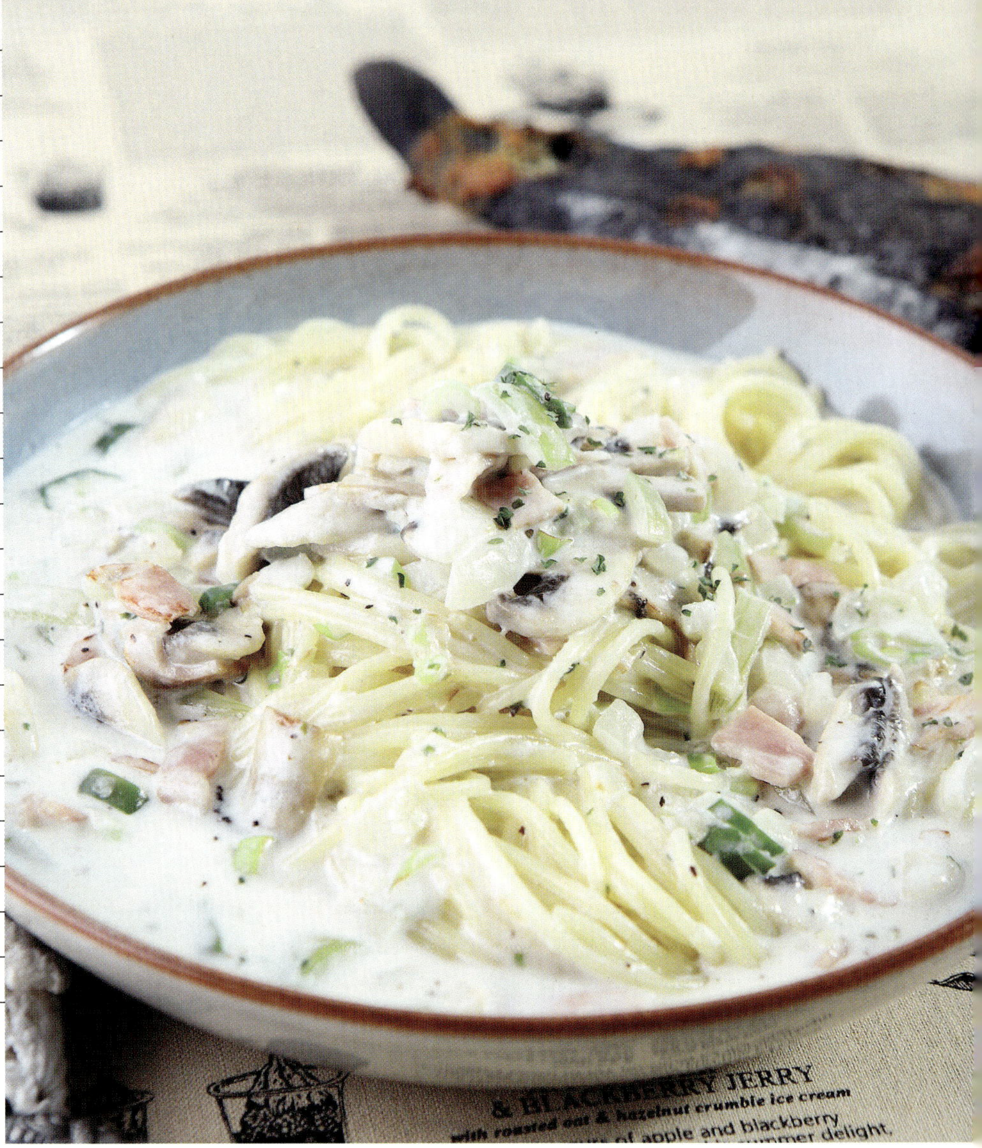

My Recipe

스마트폰으로 QR코드를 스캔하면 요리 과정을 동영상으로 볼 수 있어요

2인분
요리 시간 20분

주재료
베이컨 3장
양송이버섯 5개
양파 1/4개
청양고추 1개
대파 1/6대
스파게티 120g
올리브오일 1
다진 마늘 1

스파게티 삶는 물 재료
물 10컵
굵은소금 1

소스 재료
우유 1컵+1/4컵
생크림 1컵+1/4컵
파르메산 치즈가루 2
소금·통후추 적당량씩

대체 식재료
베이컨 ▶ 햄이나 소시지
양송이버섯 ▶ 애느타리버섯이나 새송이버섯

1. 깊은 팬에 물 10컵과 굵은소금 1을 넣어 끓인다. 베이컨은 1cm 폭으로 썰고 양송이버섯은 0.5cm 두께로 슬라이스한다. 양파는 잘게 썰고 청양고추와 대파는 송송 썬다.

> 스파게티는 따로 물에 헹구지 마세요.

2. ①의 끓는 물에 스파게티를 넣고 포장지에 적힌 시간 보다 2분 정도 덜 삶아 체에 밭친다.

3. 달군 팬에 올리브오일 1을 두르고 양파, 청양고추, 대파, 다진 마늘을 넣고 중약 불에 1분 정도 볶는다.

4. 베이컨과 양송이버섯을 넣고 중간 불에 2분 정도 더 볶는다.

5. 소스 재료인 우유와 생크림을 붓고 센 불에 3분 정도 끓인다.

6. 이어서 스파게티를 넣고 중간 불로 줄여 2분 정도 저어가며 끓인다. 파르메산 치즈가루를 넣고 소금과 통후추를 갈아 넣고 버무리면 끝!

31 토마토소스 국물 파스타

개인적으로 뻑뻑한 파스타 보다는 국물이 넉넉한 토마토소스 파스타를 선호해요. 매콤하게 만들어 국물 한 숟가락을 떠먹으면 파스타로도 해장할 수 있을 것 같은 느낌이 들어요. 해물을 각각 준비하면 좋지만, 번거롭다 싶으면 마트에서 해물이 믹스된 것을 구입해서 사용해요.

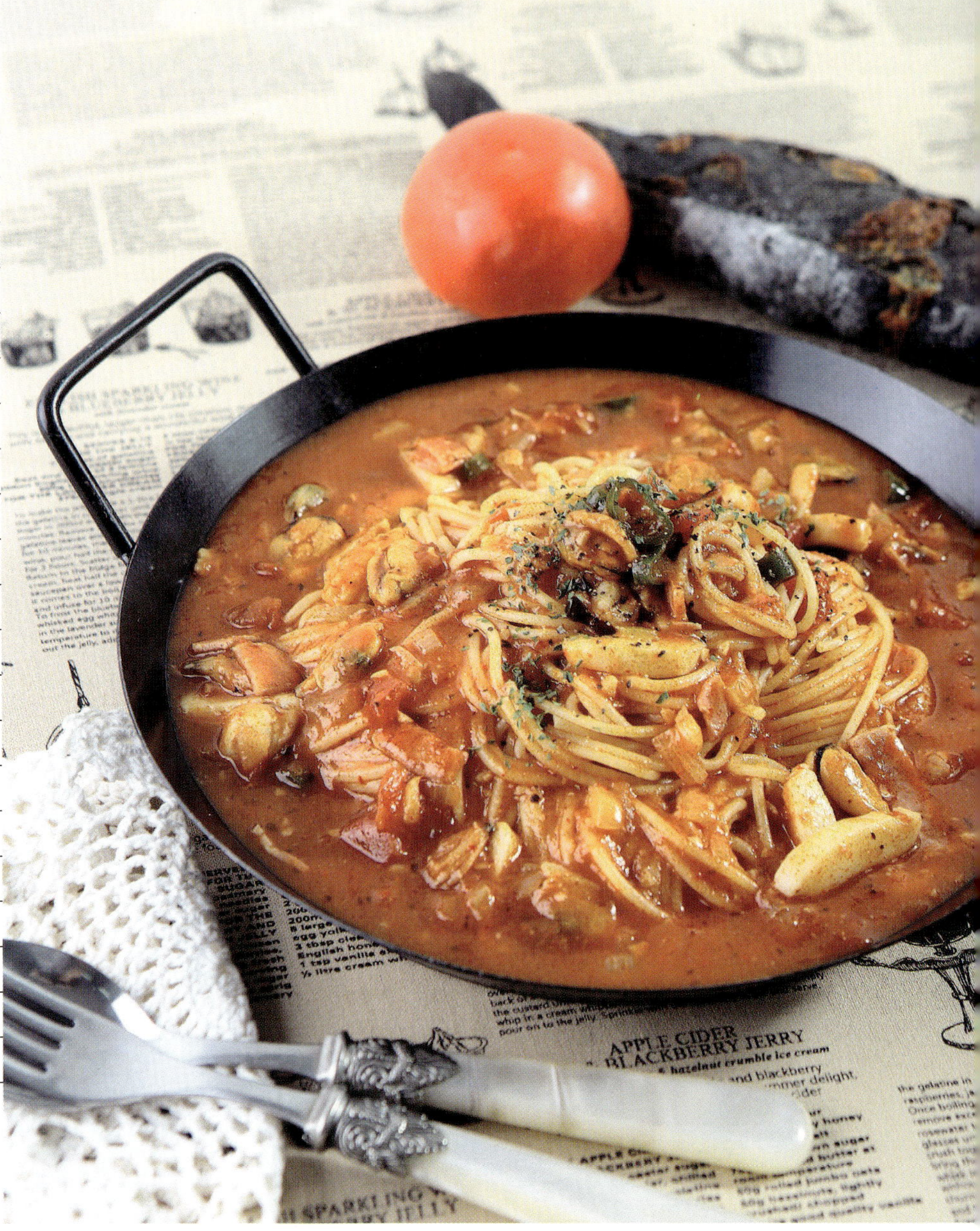

My Recipe

스마트폰으로 QR코드를
스캔하면 요리 과정을
동영상으로 볼 수 있어요

2인분
요리 시간 25분

주재료
해물 믹스 200g
양파 1/4개
베이컨 3장
청양고추 1개
스파게티 160g
물 2컵
통후추 약간
파르메산 치즈가루 적당량

스파게티 삶는 물 재료
물 10컵
굵은소금 1

양념 재료
고춧가루 1
다진 마늘 1
올리브오일 2
토마토소스 2컵
올리고당 1
청주 1

대체 식재료
베이컨 ▶ 햄, 소시지
해물 믹스 ▶ 새우살, 홍합살, 오징어살

> 스파게티는 따로 물에 헹구지 마세요.

1 깊은 팬에 물 10컵과 굵은 소금 1을 넣어 끓인다. 해물 믹스는 찬물에 해동한다. 양파는 잘게 다지고 베이컨은 1cm 폭으로 썰고 청양고추는 어슷썬다.

2 ①의 끓는 물에 스파게티를 넣고 포장지에 적힌 시간 보다 2분 정도 덜 삶아 체에 밭친다.

3 팬을 달구지 말고 고춧가루 1, 다진 마늘 1, 올리브오일 2를 넣고 중간 불에 1분 정도 볶는다.

4 양파, 베이컨, 청양고추를 넣고 1분 정도 볶다가 해물 믹스를 넣고 1분 정도 더 볶는다.

5 이어서 토마토소스 2컵, 올리고당 1, 청주 1, 물 2컵을 넣고 센 불에 끓인다.

6 바글바글 끓어오르면 스파게티를 넣고 2분 정도 더 끓여 통후추를 갈아 넣는다. 그릇에 담아 취향껏 파르메산 치즈가루를 뿌린다.

RECIPE 32 토마토 치킨 카레

토마토와 치킨 그리고 카레를 접목시킨 엄청난 카레예요.
재료가 많이 들어가긴 하지만, 넉넉하게 만들어 두고두고
데워 먹어도 좋고, 밥과 함께 먹어도 좋지만, 인도 음식점에서처럼
난과 같은 빵에 찍어서 먹어도 너무너무 훌륭한 요리예요.
게다가 아이들이 좋아하는 치킨도 넉넉하게 들어가서 온 가족이 맛있게
먹을 수 있을 거예요. 카레가루지만, 놀라운 맛으로 탄생해요.
더 이색적으로 먹고 싶다면 입맛에 맞는 향신료를 더해
만들어 보세요.

My Recipe

스마트폰으로 QR코드를
스캔하면 요리 과정을
동영상으로 볼 수 있어요

양파를 오래 노릇하게 볶으면 풍미가 더해 맛있어요.

6인분
요리 시간 50분

주재료
닭봉 20여 개(800g)
식용유 약간
양파 1개
토마토(잘 익은 것) 2개 (400g)
물 4컵
통후추·강황 약간씩

닭 밑간 재료
소금·후춧가루 약간씩

카레 소스 재료
카레가루 8
토마토소스 1컵
간장 2
설탕 1
올리고당 1

양념 재료
버터 1
다진 마늘 1

대체 식재료
닭봉 ▶ 닭 다리, 볶음용 닭
토마토 ▶ 방울토마토

1 닭봉은 찬물에 여러 번 깨끗하게 씻어 물기를 쪽 뺀다. 닭 밑간 재료인 소금과 후춧가루를 전체적으로 솔솔 뿌린다.

2 달군 팬에 기름을 살짝 두르고 밑간한 닭을 넣고 속까지 익도록 전체적으로 굽듯 익힌다.

3 양파는 가로, 세로 1.5cm 크기로 썬다. 토마토는 가로, 세로 2cm 크기로 썬다.

4 카레 소스 재료인 카레가루 8, 토마토소스 1컵, 간장 2, 설탕 1, 올리고당 1을 잘 섞는다.

5 달군 팬에 버터 1과 다진 마늘 1과 양파를 넣고 달달 볶는다.

6 미리 겉면을 구워서 익힌 닭봉을 넣고 물 4컵을 부어 중간 중간 저어가며 센 불에 바글바글 끓인다.

입맛에 맞는 향신료를 넣으면 더 이색적이고 고급스러운 맛이 나요.

7 준비한 카레 소스와 토마토를 넣고 고루 저어가며 중간 불에서 4~5분 정도 더 끓인다.

8 통후추를 갈아 넣거나 강황 등의 향신료를 취향껏 넣으면 끝!

INDEX

가나다순

가
가지 양념구이 018
감자 양송이 수프 170
감자 옥수수 샐러드 022
감자볶음 020
감자조림 024
강된장 026
고등어조림 028
고추 참치쌈장과 양배추찜 030
골뱅이무침 032
국물떡볶이 172
김무침 034
김치 비빔국수 176
김치밥 174
김치찌개 142
깍두기 036
깍두기볶음밥 178
깻잎찜 038

다
단무지무침 꼬마김밥 180
단호박 된장찌개 144
달걀 베이컨 토스트 182
달걀 새우젓죽 184
달걀국 146
닭 가슴살 오이냉채 040
닭갈비 186
닭고기 통마늘조림 042
닭볶음탕 188
닭불고기 190
닭조림과 부추무침 044
대파 달걀볶음밥 192
대파 마요네즈 달걀말이 046
데리야키 소스 닭고기덮밥 194

도토리묵무침 048
돼지 함박스테이크 198
돼지고기 두부덮밥 196
돼지고기 장조림 052
돼지고기 저수분 수육 050
두부 동그랑땡 054
두부 애호박찌개 148
두부조림 056
뚝배기 달걀찜 058

라·마
라이스페이퍼 만두 200
마늘종무침 060
마약김밥 202
맛살 양파냉채 062
명란파스타 204
무 오이피클 068
무생채 066
문성실표 미역국 150
문성실표 어묵탕 152
미나리 버섯부침개 064

바
배추무침 070
배추볶음 072
버섯 달걀덮밥 206
버섯볶음덮밥 208
베이컨 양배추덮밥 210
볶음잡채 212
부추 부침개 074
브로콜리 아몬드 샐러드 078
브로콜리볶음 076

사
상추 겉절이 080
새송이버섯 양념구이 082
새송이버섯초무침 084
생선구이 086
셀러리 장아찌 088
쇠고기 매운탕 154
쇠고기 뭇국 156

쇠고기 불고기 090
숙주 베이컨볶음 092
시금치 새우볶음 096
시금치무침 094

아
안동찜닭 214
애호박 새우젓볶음 098
약고추장 100
어묵 버섯잡채 102
어묵조림 104
연근전 106
연어 무쌈말이 216
오므라이스 218
오이고추 된장무침 108
오이 부추김치 114
오이무침 110
오이볶음 112
오징어 섞어찌개 158
오징어볶음 116
오징어채볶음 118
오징어채전 120
일식집 무조림 122

자·차
잔멸치 견과류볶음 124
잔치국수 220
제육볶음 126
참치 두부찌개 160
참치 마요덮밥 222

카·타
칼국수 224
캠핑 고추장찌개 162
콩나물 황태 해장국 164
콩나물무침 두 가지 128
크래미 맛살 유부초밥 226
크림소스 파스타 228
토마토소스 국물 파스타 230
토마토 치킨 카레 232

파・하

팽이버섯전 132
푸딩 달걀찜 134
풋고추 어묵전 136
해물 순두부찌개 166
황태채볶음 138

요리 시간순

• ~20분

가지 양념구이 018
감자볶음 020
강된장 026
고추 참치쌈장과 양배추찜 030
골뱅이무침 032
김치 비빔국수 176
김치밥 174
깍두기볶음밥 178
달걀 베이컨 토스트 182
달걀 새우젓죽 184
달걀국 146
닭 가슴살 오이냉채 040
닭불고기 190
대파 달걀볶음밥 192
대파 마요네즈 달걀말이 046
도토리묵무침 048
두부 애호박찌개 148
뚝배기 달걀찜 058
마늘종무침 060
맛살 양파냉채 062
명란파스타 204
무 오이피클 068
무생채 066
배추무침 070
배추볶음 072
베이컨 양배추덮밥 210
브로콜리 아몬드 샐러드 078
브로콜리볶음 076
새송이버섯 양념구이 082
새송이버섯초무침 084
생선구이 086
셀러리 장아찌 088

쇠고기 불고기 090
숙주 베이컨볶음 092
시금치 새우볶음 096
시금치무침 094
애호박 새우젓볶음 098
약고추장 100
어묵 버섯잡채 102
어묵조림 104
오이고추 된장무침 108
오이 부추김치 114
오이무침 110
오이볶음 112
오징어볶음 116
오징어채볶음 118
잔멸치 견과류볶음 124
제육볶음 126
참치 두부찌개 160
참치 마요덮밥 222
콩나물무침 두 가지 128
크래미 맛살 유부초밥 226
크림소스 파스타 228
황태채볶음 138

• ~30분

감자 양송이 수프 170
감자 옥수수 샐러드 022
감자조림 024
국물떡볶이 172
김무침 034
김치찌개 142
깻잎찜 038
단무지무침 꼬마김밥 180
단호박 된장찌개 144
닭갈비 186
닭조림과 부추무침 044
데리야키 소스 닭고기덮밥 194
돼지고기 두부덮밥 196
두부 동그랑땡 054
두부조림 056
마약김밥 202
문성실표 어묵탕 152
미나리 버섯부침개 064
버섯 달걀덮밥 206

버섯볶음덮밥 208
부추 부침개 074
상추 겉절이 080
연근전 106
연어 무쌈말이 216
오므라이스 218
오징어 섞어찌개 158
오징어채전 120
잔치국수 220
칼국수 224
캠핑 고추장찌개 162
콩나물 황태 해장국 164
토마토소스 국물 파스타 230
팽이버섯전 132
푸딩 달걀찜 134
풋고추 어묵전 136
해물 순두부찌개 166

• ~40분

고등어조림 028
닭고기 통마늘조림 042
닭볶음탕 188
돼지 함박스테이크 198
라이스페이퍼 만두 200
문성실표 미역국 150
쇠고기 뭇국 156

• ~50분

깍두기 036
볶음잡채 212
쇠고기 매운탕 154
안동찜닭 214
토마토 치킨 카레 232

• ~60분

돼지고기 저수분 수육 050
돼지고기 장조림 052
일식집 무조림 122

Special Page I

마이 베스트 레시피

장보기 재료 모음집

CHAPTER 01
반찬

RECIPE 01

가지 양념구이

2~3인분
요리 시간 20분

주재료
가지 2개(400g)
식용유 1

양념 재료
다진 파 1
다진 홍고추 1(생략 가능)
다진 마늘 0.5
고춧가루 0.5
고추장 0.5
간장 2
올리고당 1
참기름 1
통깨 0.5

RECIPE 02

감자볶음

2~3인분
요리 시간 20분

주재료
감자(중간 것) 2개(300g)
당근 1/6개(30g)
양파 1/6개(30g)

양념 재료
식용유 3
소금 약간(0.2 정도)
후춧가루 약간
맛술 1

대체 식재료
당근 ▶ 피망, 파프리카

RECIPE 03

감자 옥수수 샐러드

2인분
요리 시간 30분

주재료
감자(중간 것) 2개(200g)
옥수수 통조림 2/3컵(80g)
다진 양파 1/4개분
체다 슬라이스 치즈 1장

감자 삶는 물 재료
물 3컵
설탕 2
굵은소금 0.5

양념 재료
마요네즈 3
씨겨자 0.5
통후추 약간

대체 식재료
옥수수 통조림 ▶ 삶은 옥수수

RECIPE 04
감자조림

2~3인분
요리 시간 25분

주재료
감자(중간 것) 3개(400g)
양파 1/2개
청양고추 1개(생략 가능)
홍고추 1/2개(생략 가능)
대파 1/3대
식용유 2
물 3
통깨 0.5

양념장 재료
고춧가루 1
다진 마늘 0.5
간장 3
올리고당 2
참기름 1

RECIPE 05
강된장

4~5인분
요리 시간 20분

주재료
쇠고기(다진 것) 100g
양파 1/2개
청양고추 2개
홍고추 1/2개(생략 가능)
대파 1/3대
멸치 다시마 육수 1컵

양념 재료
식용유 1
다진 마늘 0.5
청주 1
된장 3~4
고추장 0.5
설탕 0.3
참기름 0.5

대체 식재료
쇠고기 ▶ 우렁이살, 조갯살, 새우살
양파 ▶ 무
청양고추 ▶ 풋고추, 피망
멸치 다시마 육수 ▶ 쌀뜨물

RECIPE 06
고등어조림

2~4인분
요리 시간 40분

주재료
고등어(큰 것) 1마리(300g)
무 1/5개(200g)
양파 1/4개(50g)
대파 1/2대
청양고추 1개
홍고추 1/2개
멸치 다시마 육수 2컵

양념장 재료
고춧가루 3
다진 마늘 1
다진 생강 0.3
설탕 1
간장 4
청주 3
맛술 3

대체 식재료
고등어 ▶ 삼치, 갈치
무 ▶ 감자, 마
다진 생강 ▶ 생강가루

RECIPE 07
고추 참치쌈장과 양배추찜

7~8인분
요리 시간 15분

주재료
양배추 1/2통
쌈채소 적당량

고추 참치 쌈장 재료
청양고추 2개
대파 1/2대
시판 쌈장 7
고추참치 통조림(작은 것) 1통
참기름 0.5
통깨 0.5

대체 식재료
고추참치 ▶ 야채참치
청양고추 ▶ 풋고추

RECIPE 08
골뱅이무침

2~3인분
요리 시간 15분

주재료
골뱅이 통조림 1통(400g)
오징어채 1줌(50g)
오이 1개
양파 1/4개
풋고추 1개
파채 2줌(100g)

양념장 재료
고춧가루 2
다진 마늘 1
설탕 1
식초 2
간장 3
맛술 2
올리고당 2
고추장 1
참기름 2
통깨 1

대체 식재료
오징어채 ▶ 대구포, 황태채
파채 ▶ 오이, 참나물, 양배추

RECIPE 09
김무침

4~5인분
요리 시간 25분

주재료
김 30장

양념장 재료
송송 썬 대파 5
다진 청양고추 1
고춧가루 1
다진 마늘 1
간장 4
맛술 2
올리고당 1
참기름 3
통깨 1

RECIPE 10
깍두기

10인분
요리 시간 20분
(절이는 시간 30분)

주재료
무 1kg
쪽파 7대
양파 1/4개

절임물 재료
굵은소금 1
물 1/2컵

양념 재료
고춧가루 6
다진 마늘 1
초피액젓 4
새우젓 1
올리고당 2~3

대체 식재료
초피액젓 ▶ 까나리액젓

RECIPE 11
깻잎찜

10인분
요리 시간 30분

주재료
깻잎 100~120장
양파 1/2개
쪽파 5대
홍고추 1개

양념장 재료
고춧가루 2
설탕 1
다진 마늘 1
초피액젓 3
간장 2
참치진국 1
맛술 3
들기름 2
통깨 1
물 1컵

대체 식재료
물 ▶ 멸치 다시마 육수
참치진국 ▶ 간장
쪽파 ▶ 대파
홍고추 ▶ 청양고추, 풋고추

RECIPE 12
닭 가슴살 오이냉채

2인분
요리 시간 20분

주재료
닭 가슴살 1조각
오이 1/2개
양파 1/4개

닭고기 삶는 물 재료
굵은소금 0.3
청주 2
물 4컵

소스 재료
연겨자 0.5
다진 마늘 0.3
설탕 0.3
올리고당 1
식초 2
간장 1
소금·후춧가루 약간씩
참기름 0.5

닭고기 양념 재료
소금·후춧가루 약간씩

대체 식재료
닭 가슴살 ▶ 닭고기 통조림

RECIPE 13
닭고기 통마늘조림

2~3인분
요리 시간 40분

주재료
닭 다리살(껍질 벗긴 것) 5~6조각(350g)
브로콜리(작은 것) 1송이(200g)
청양고추 1~2개
대파 1/4대
마늘 20쪽
통깨 0.5

닭고기 밑간 재료
소금·후춧가루 약간씩
청주 2

양념장 재료
간장 4
맛술 2
올리고당 2
참기름 2
다진 생강 약간
후춧가루 약간

대체 식재료
브로콜리 ▶ 미니 양배추, 양배추
다진 생강 ▶ 생강가루

RECIPE 14
닭조림과 부추무침

2인분
요리 시간 30분

주재료
닭 다리살(껍질 벗긴 것) 4조각(300g)
식용유 약간
부추 100g

닭고기 밑간 재료
소금·후춧가루 약간씩
다진 마늘 0.5
청주 1

닭고기 양념장 재료
고춧가루 0.5
설탕 1
간장 3
맛술 1
올리고당 1
참기름 0.5

부추 양념장 재료
고춧가루 0.5
간장 1
매실액 2
참기름 2
통깨 0.5

대체 식재료
매실액 2 ▶ 올리고당 1

RECIPE 15
대파 마요네즈 달걀말이

2인분
요리 시간 20분

주재료
달걀 4개
대파(큰 것) 1대
식용유 적당량

양념 재료
맛술 2
마요네즈 1
참치진국 0.5
소금 약간(0.2 정도)

대체 식재료
참치진국 ▶ 간장

RECIPE
16
도토리묵무침

2인분
요리 시간 10분

주재료
도토리묵 1모(400g)
오이 1/2개
양파 1/4개(50g)
상추 6~7장
당근 약간(생략 가능)
풋고추 1개(생략 가능)

양념장 재료
고춧가루 2
다진 마늘 0.5
간장 3
올리고당 2
참기름 1
통깨 1

대체 식재료
도토리묵 ▶ 메밀묵
상추 ▶ 치커리나 쑥갓 등의 샐러드 채소

RECIPE
17
돼지고기 저수분 수육

2인분
요리 시간 60분

재료
돼지고기 통삼겹살 500g
양파(큰 것) 1/2개
대파 2대
생강 2톨
마늘 5~6쪽
물 1/3컵
소금 0.5
배추김치 적당량

RECIPE
18
돼지고기 장조림

10인분
요리 시간 60분

주재료
돼지고기(안심) 500g
꽈리고추 20개
마늘 10쪽
참기름 1

돼지고기 삶는 물 재료
물 5컵
대파 1대
마늘 7쪽
생강 2톨
청양고추 1개
청주 3

조림장 재료
돼지고기 삶은 물 3컵
설탕 1
간장 9
맛술 3
올리고당 1

대체 식재료
꽈리고추 ▶ 베트남 마른 고추

RECIPE
19
두부 동그랑땡

2인분
요리 시간 30분

주재료
두부(부침용) 1모(300g)
검은깨 0.5
달걀 1개
소금 0.3
후춧가루 약간
식용유 넉넉히

소스 재료
돈가스 소스 2
간장 1
올리고당 2
물 3

대체 식재료
검은깨 ▶ 대파, 쪽파, 구운 김

RECIPE 20
두부조림

2~3인분
요리 시간 25분

주재료
두부(부침용) 1모(300g)
식용유 2
양파 1/4개(50g)
청양고추 1개(생략 가능)
물 1컵

두부 밑간 재료
소금·후춧가루 적당량씩

양념장 재료
고춧가루 1
다진 마늘 0.5
간장 3
맛술 2
올리고당 1
참기름 1

대체 식재료
청양고추 ▶ 풋고추, 피망

RECIPE 21
뚝배기 달걀찜

2인분
요리 시간 15분

주재료
달걀 3개
물 1컵
쪽파 적당량

양념 재료
새우젓 0.5
참치한스푼 1
참기름 약간
후춧가루 약간

대체 식재료
물 ▶ 멸치 다시마 육수
쪽파 ▶ 대파
참치한스푼 ▶ 시판 액상 조미료

RECIPE 22
마늘종무침

4인분
요리 시간 10분

주재료
마늘종 5줌(250g)
굵은소금 0.5

양념장 재료
설탕 0.5
고춧가루 2
다진 마늘 0.5
간장 1
올리고당 1
참기름 1
고추장 2
통깨 0.5

RECIPE 23
맛살 양파냉채

2~3인분
요리 시간 10분

주재료
크래미 맛살(김밥용) 4줄 (120g)
셀러리 1/2대(40g)
양파 1/2개

소스 재료
다진 마늘 0.5
씨겨자 0.5
설탕 1
올리고당 1
식초 2
소금 0.3
참기름 1

추가 양념 재료
깨소금 0.5
통후추 약간

대체 식재료
셀러리 ▶ 피망, 오이, 당근

RECIPE 24
미나리 버섯부침개

2인분
요리 시간 30분

주재료
미나리 100g
애느타리버섯 150g
청양고추 1개
식용유 넉넉히

부침 재료
부침가루 5
달걀흰자 1개분
물 2
참치진국 0.5
후춧가루 약간

대체 식재료
미나리 ▶ 쪽파, 참나물
참치진국 ▶ 국간장

RECIPE 25
무생채

2인분
요리 시간 10분

주재료
무 1토막(200g)

양념 재료
송송 썬 대파 2
다진 마늘 0.5
고춧가루 1
설탕 1
식초 1
초피액젓 2
통깨 0.5

대체 식재료
초피액젓 ▶ 까나리액젓

RECIPE 26
무 오이피클

10인분
요리 시간 20분

주재료
무(작은 것) 1개(1kg)
오이 3개
청양고추 4개
레몬 1개(생략 가능)

배합초 재료
피클링 스파이스 1
굵은소금 2
설탕 2컵
식초 2컵
물 3컵

추가 재료
계피 2조각(생략 가능)

대체 식재료
오이 ▶ 셀러리

RECIPE 27
배추무침

3~4인분
요리 시간 10분

주재료
알배추 잎 8장(350g)

양념 재료
고춧가루 3
다진 마늘 1
식초 1
초피액젓 3
올리고당 2
참기름 2
통깨 1

대체 식재료
초피액젓 ▶ 까나리액젓

RECIPE 28
배추볶음

2~3인분
요리 시간 20분

주재료
알배추 잎 6장(300g)
대파 1/2대
식용유 1
통깨 0.5

양념장 재료
고춧가루 1
다진 마늘 1
간장 3
고추장 1
올리고당 2
참기름 1

대체 식재료
대파 ▶ 쪽파

RECIPE 29
부추 부침개

2~3인분
요리 시간 30분

주재료
부추 4줌(200g)
양파 1/2개(100g)
당근 1/6개(30g)
청양고추 2개
식용유 넉넉히

반죽 재료
부침가루 2컵
얼음물 2컵
국간장 1

대체 식재료
부추 ▶ 애호박
국간장 ▶ 참치진국

RECIPE 30
브로콜리볶음

2~3인분
요리 시간 20분

주재료
브로콜리 1송이(200g)
굵은소금 0.5
베이컨 2장

양념 재료
식용유 2
다진 마늘 1
굴소스 1
맛술 2
물 5
후춧가루 약간
깨소금 0.5

대체 식재료
굴소스 ▶ 참치진국

RECIPE 31
브로콜리 아몬드 샐러드

1~2인분
요리 시간 15분

주재료
브로콜리(큰 것) 1/2송이(100g)
굵은소금 0.5
아몬드 20개

브로콜리 양념 재료
설탕 0.5
소금 약간

드레싱 재료
마요네즈 2
플레인 요구르트 3
레몬즙 0.5

RECIPE 32
상추 겉절이

4인분
요리 시간 30분

주재료
상추 60장 정도(300g)

양념장 재료
다진 홍고추 2
다진 풋고추 2
다진 쪽파 3
다진 마늘 0.5
고춧가루 1
설탕 0.5
식초 1
맛술 2
간장 3
초피액젓 2
참기름 1

대체 식재료
쪽파 ▶ 대파
초피액젓 ▶ 까나리액젓

RECIPE 33
새송이버섯 양념구이

2~3인분
요리 시간 20분

주재료
새송이버섯 4개(300g)
식용유 2
쪽파 1대
통깨 0.3

양념장 재료
고춧가루 1
다진 마늘 0.5
간장 1
고추장 1
맛술 1
올리고당 2
참기름 1

RECIPE 34
새송이버섯초무침

3~4인분
요리 시간 15분

주재료
새송이버섯 3개(240g)
쪽파 1대

양념장 재료
고춧가루 1
다진 마늘 0.5
설탕 0.5
식초 1
올리고당 1
고추장 1
참기름 1
통깨 0.5

대체 식재료
새송이버섯 ▶ 애느타리버섯
쪽파 ▶ 대파

RECIPE 35
생선구이

2~3인분
요리 시간 20분

주재료
삼치 3토막(300g)
식용유 넉넉히

부침옷 재료
밀가루 3
카레가루 1(생략 가능)

간장 소스 재료
간장 1
레몬즙 0.5
연와사비 0.3

대체 식재료
삼치 ▶ 고등어, 갈치 등
밀가루 ▶ 부침가루

RECIPE 36
셀러리 장아찌

30인분
요리 시간 20분

주재료
셀러리 1~1.2kg
홍고추 1개
청양고추 1개

절임물 재료
굵은소금 0.5
설탕 1컵+1/2컵
식초 1컵+1/2컵
간장 1/2컵
청주 1컵
물 1컵

대체 식재료
셀러리 ▶ 양파
홍고추, 청양고추 ▶ 풋고추, 마른 고추

RECIPE 37
쇠고기 불고기

4~6인분
요리 시간 20분

주재료
쇠고기(불고깃감) 1근(600g)
양파 1/2개
대파 1/3대
새송이버섯 2개(200g)

1차 양념 재료
배즙 4
청주 3

2차 양념장 재료
다진 마늘 2
다진 파 2
간장 6
굴소스 1
설탕 1
올리고당 3
맛술 2
청주 2
참기름 2
후춧가루 0.3
생강즙 0.3(생략 가능)

대체 식재료
새송이버섯 ▶ 애느타리버섯
배즙 ▶ 사과즙, 양파즙
굴소스 ▶ 참치진국
생강즙 ▶ 생강가루

RECIPE 38
숙주 베이컨볶음

2인분
요리 시간 10분

주재료
숙주 3줌(200g)
베이컨 4장(70g)
마늘 3쪽

양념 재료
식용유 1
굴소스 1
참기름 0.5
후춧가루 약간
통깨 0.3

대체 식재료
굴소스 ▶ 참치진국

RECIPE 39
시금치무침

2접시 분량
요리 시간 20분

주재료
시금치(다듬은 것) 350g
당근 1/4개
굵은소금 1

양념 재료
초피액젓 1
다진 마늘 1
다진 파 2
올리고당 0.3
소금 약간(0.2 정도)
참기름 2
통깨 0.5
후춧가루 약간

대체 식재료
초피액젓 ▶ 국간장

RECIPE 40
시금치 새우볶음

2인분
요리 시간 15분

주재료
시금치 1단(200g)
새우살 2/3컵(100g)

양념장 재료
설탕 0.3
간장 1
맛술 1
참기름 1
통후추 약간

추가 양념 재료
식용유 2
다진 마늘 1

대체 식재료
새우살 ▶ 베이컨, 햄,
크래미 맛살

RECIPE 41
애호박 새우젓볶음

3~4인분
요리 시간 20분

주재료
애호박 1개
양파(작은 것) 1/4개
홍고추 1/3개
식용유 2

양념 재료
다진 파 2
다진 마늘 1
새우젓 1
맛술 1
참기름 1
후춧가루 적당량

대체 식재료
홍고추 ▶ 청양고추

RECIPE 42
약고추장

5~6인분
요리 시간 20분

주재료
쇠고기(다진 것) 200g
양파 1/2개

쇠고기 밑간 재료
설탕 1
다진 마늘 1
맛술 3
후춧가루 약간

양념 재료
식용유 1
고추장 6
올리고당 2
청주 4
참기름 1
통깨 0.5

대체 식재료
쇠고기 ▶ 돼지고기
올리고당 ▶ 꿀

RECIPE 43
어묵 버섯잡채

2인분
요리 시간 20분

주재료
사각어묵 3장(150g)
애느타리버섯 1팩(200g)
양파 1/4개
당근 약간
식용유 적당량

양념장 재료
다진 마늘 0.5
청주 2
간장 3
올리고당 2

추가 양념 재료
참기름 0.5
깨소금 0.5
후춧가루 적당량

대체 식재료
당근 ▶ 빨강 파프리카

RECIPE
44
어묵조림

3~4인분
요리 시간 20분

주재료
사각어묵 4장(200g)
피망 1/2개
양파 1/4개
청양고추 1개
대파 1/3대
마늘 7쪽
식용유 1
참기름 0.5
통깨 0.5

양념장 재료
고춧가루 1
간장 3
맛술 2
올리고당 2
후춧가루 약간
물 2/3컵

대체 식재료
청양고추 ▶ 홍고추

RECIPE
45
연근전

3~4인분
요리 시간 30분

주재료
연근 1개(400g)
식용유 넉넉히

연근 삶는 물 재료
물 4컵
굵은소금 0.5

부침옷 재료
부침가루 1컵
물 1컵
검은깨 0.5

대체 식재료
부침가루 ▶ 튀김가루

RECIPE
46
오이고추 된장무침

4~5인분
요리 시간 10분

주재료
오이고추 15개

양념장 재료
된장 7
올리고당 4
다진 마늘 1
참기름 2
통깨 1
다진 땅콩 4

대체 식재료
오이고추 ▶ 풋고추+오이
다진 땅콩 ▶ 다진 아몬드

RECIPE
47
오이무침

2인분
요리 시간 10분

주재료
오이 1개
양파 1/4개(50g)

양념장 재료
고춧가루 1
설탕 0.5
통깨 0.5
다진 마늘 0.5
간장 2
참기름 1

대체 식재료
양파 ▶ 풋고추, 오이고추

RECIPE 48
오이볶음

2~3인분
절이는 시간 20분
요리 시간 10분

주재료
오이 2개
굵은소금 1

양념 재료
식용유 1
다진 마늘 1
올리고당 1
참기름 0.5
통깨 0.5
후춧가루 약간

RECIPE 49
오이 부추김치

10인분
절이는 시간 30분
요리 시간 20분

주재료
오이 5개
부추 2줌(100g)

절임물 재료
물 4컵
굵은소금 3

양념 재료
고춧가루 5
다진 마늘 2
초피액젓 4
올리고당 2
통깨 1

대체 식재료
초피액젓 ▶ 까나리액젓

RECIPE 50
오징어볶음

2~3인분
요리 시간 20분

주재료
오징어 1마리(250g)
양배추 잎 2장(100g)
양파 1/2개
대파 1/3대
식용유 2
참기름 1
깨소금 1

양념장 재료
고추장 2
고춧가루 1
맛술 2
간장 1
설탕 1
다진 마늘 1
생강가루·후춧가루 약간씩

대체 식재료
오징어 ▶ 주꾸미, 갑오징어, 낙지
양배추 ▶ 당근, 피망, 파프리카

RECIPE 51
오징어채볶음

3~4인분
요리 시간 15분

주재료
오징어채 3컵(100g)
청양고추 2개

1차 양념 재료
맛술 2
마요네즈 2
통깨 1

2차 양념 재료
고춧가루 1
설탕 0.5
다진 마늘 1
다진 생강 0.3
고추장 3
간장 0.5
청주 2
올리고당 2
물 1/4컵

대체 식재료
다진 생강 ▶ 생강가루
청양고추 ▶ 풋고추

RECIPE 52
오징어채전

2인분
요리 시간 25분

주재료
오징어채 2줌(50g)
미지근한 물 1/3컵
청양고추 2개
홍고추 1/2개(생략 가능)
대파 1/2대
식용유 넉넉히

부침 반죽 재료
부침가루 5
찬물 7

대체 식재료
청양고추 ▶ 풋고추

RECIPE 53
일식집 무조림

7~8인분
요리 시간 60분

주재료
무 1개(1kg)
물 3컵
다시마(10×10cm) 2장
연어 통조림 1통(150g)
대파 1/2대
청양고추 1개
홍고추 1개

양념장 재료
고춧가루 2
설탕 2
다진 마늘 1
다진 생강 0.3
간장 5
초피액젓 2
맛술 3
청주 3

대체 식재료
연어 통조림 ▶ 참치 통조림
초피액젓 ▶ 까나리액젓

RECIPE 54
잔멸치 견과류볶음

4~5인분
요리 시간 20분

주재료
잔멸치 1컵
견과류(아몬드+호두) 1컵
마늘 10쪽

부재료
송송 썬 파 1
다진 청양고추 1

양념장 재료
식용유 3
맛술 1
간장 0.5
설탕 0.5
통깨 0.5
올리고당 3

RECIPE 55
제육볶음

2~3인분
요리 시간 20분

주재료
돼지고기(불고기용) 500g
양파 1/2개(100g)
대파 1/2대
식용유 1
통깨 1

밑간 재료
다진 마늘 1
맛술 2
다진 생강 0.3
설탕 1
후춧가루 약간

양념장 재료
고춧가루 4
다진 마늘 1
간장 4
참치진국 1
올리고당 2
참기름 1

대체 식재료
참치진국 ▶ 굴소스

RECIPE 56
콩나물무침 두 가지

2인분
요리 시간 10분

주재료
콩나물 6줌(300g)

콩나물 삶는 물 재료
물 5컵
굵은소금 0.5

무침 양념 1 재료
다진 대파 2
다진 마늘 0.5
구운 소금 0.3
설탕 0.3
참기름 1
통깨 0.5

무침 양념 2 재료
다진 대파 2
다진 마늘 0.5
참치한스푼 1
참기름 1
통깨 0.5

옵션 재료
고춧가루 1

대체 식재료
참치한스푼 ▶ 국간장

RECIPE 57
팽이버섯전

2인분
요리 시간 25분

재료
팽이버섯 1봉(120g)
쪽파 3대
달걀 2개
부침가루 1
소금·후춧가루 약간씩
식용유 적당량

대체 식재료
쪽파 ▶ 송송 썬 대파

RECIPE 58
푸딩 달걀찜

3개 분량
요리 시간 25분

주재료
달걀 3개
다시마 육수 1컵
맛술 1
소금 약간

장식 재료
날치알 1(생략 가능)
쪽파 약간

대체 식재료
다시마 육수 ▶ 멸치 다시마 육수, 물, 참치한스푼

RECIPE 59
풋고추 어묵전

2인분
요리 시간 25분

재료
풋고추 6개
사각어묵 2장(100g)
달걀 3개
맛술 1
참기름 0.3
소금 약간(0.2 정도)
식용유 넉넉히

대체 식재료
사각어묵 ▶ 맛살, 햄

RECIPE
60

황태채볶음

2~3인분
요리 시간 20분

주재료
황태채 50g
물 1컵
대파 1/4대
풋고추 1개

양념 재료
고춧가루 1
다진 마늘 1
설탕 0.5
간장 1
청주 3
식초 1
고추장 2
올리고당 2

추가 양념 재료
참기름 1
통깨 0.5

대체 식재료
풋고추 ▶ 청양고추

CHAPTER
02

국물 요리

RECIPE
61

김치찌개

3~4인분
요리 시간 30분

주재료
신 김치 2컵(300g)
돼지고기(찌개용) 300g
두부 1/2모
청양고추 1개
대파 1/2대
쌀뜨물 3컵+1/2컵

양념 재료
된장 0.5
다진 마늘 1
고춧가루 2
설탕 1
초피액젓 1
새우젓 1

대체 식재료
쌀뜨물 ▶ 멸치 다시마 육수
초피액젓 ▶ 까나리액젓

RECIPE
62

단호박 된장찌개

3~4인분
요리 시간 30분

주재료
단호박 1/5개(150g)
양파 1/4개(50g)
애느타리버섯 4줌(200g)
두부 1모(300g)
청양고추 1~2개
홍고추 1/2개
쪽파 3대

멸치 다시마 육수 재료
물 5컵
국물 멸치 2줌(30g)
다시마(5×5cm) 5장

양념장 재료
된장 3
고춧가루 1

대체 식재료
단호박 ▶ 감자, 호박

253

RECIPE 63
달걀국

2인분
요리 시간 5분

달걀국 재료 1
멸치 다시마 육수 3컵(물 5컵
+국물 멸치 2줌(30g)+다시마
(5×5cm) 5장)
달걀 2개
쪽파 2대
다진 마늘 0.3
소금 약간(0.2 정도)
후춧가루 약간

달걀국 재료 2
달걀 2개
쪽파 2대
물 3컵
참치한스푼 2
다진 마늘 0.3
후춧가루 약간

대체 식재료
쪽파 ▶ 대파
참치한스푼 ▶ 시판 액상 조미료

RECIPE 64
두부 애호박찌개

2~3인분
요리 시간 20분

재료
멸치 다시마 육수 3컵(물 5컵
+국물 멸치 2줌(30g)+다시마
(5×5cm) 5장)
애호박 1/2개
두부 2/3모(200g)
대파 1/4대
풋고추 1개(생략 가능)
홍고추 1/2개(생략 가능)
들기름 1
다진 마늘 0.5
고춧가루 1
새우젓 2

대체 식재료
들기름 ▶ 참기름

RECIPE 65
문성실표 미역국

5~6인분
요리 시간 40분

주재료
불린 미역 2컵(마른미역 15g)

양념 재료
다진 마늘 0.5
참기름 1
참치진국 3
초피액젓 2
후춧가루 약간(생략 가능)
물 10컵

대체 식재료
초피액젓 ▶ 까나리액젓
참기름 ▶ 들기름

RECIPE 66
문성실표 어묵탕

3~4인분
요리 시간 30분

주재료
멸치 다시마 육수 6컵(물 10컵
+국물 멸치 3줌(50g)+다시마
(5×5cm) 10장)
어묵 300g
양파 1/4개
대파 1/3대
청양고추 1개
간장 2
맛술 1
후춧가루 약간(생략 가능)

대체 식재료
양파 ▶ 무

RECIPE 67
쇠고기 매운탕

4~5인분
요리 시간 50분

주재료
쇠고기(양지머리) 200g
무 1토막(300g)
대파 2대

쇠고기 육수 재료
물 7컵+3컵
대파(흰 부분, 7cm 길이) 2대
통후추 0.3

쇠고기 양념 재료
고춧가루 3
다진 마늘 1
참치진국 3
초피액젓 2
후춧가루 약간

대체 식재료
대파 ▶ 쪽파
초피액젓 ▶ 까나리액젓

RECIPE 68
쇠고기 뭇국

4~5인분
요리 시간 40분

주재료
쇠고기(양지머리) 200g
무 1토막(300g)
대파 1/3대
소금 0.5
물 7컵

쇠고기 양념 재료
초피액젓 2
다진 마늘 0.5
청주 1
후춧가루 약간

대체 식재료
초피액젓 ▶ 까나리액젓

RECIPE 69
오징어 섞어찌개

2~3인분
요리 시간 30분

주재료
멸치 다시마 육수 3컵(물 5컵
+국물 멸치 2줌(30g)+다시마
(5×5cm) 5장)
오징어 1마리(250g)
돼지고기 200g
애호박 1/3개
양파 1/4개
대파 1/3대
청양고추 1개
두부 1/2모(150g)

오징어·돼지고기 양념 재료
고춧가루 2
고추장 1
간장 1
청주 1
다진 마늘 1
다진 생강 약간(생략 가능)

양념 재료
소금 약간

대체 식재료
오징어 ▶ 낙지, 주꾸미
애호박 ▶ 감자, 단호박
다진 생강 ▶ 생강가루

RECIPE 70
참치 두부찌개

3~4인분
요리 시간 20분

주재료
멸치 다시마 육수 3컵(물 5컵
+국물 멸치 2줌(30g)+다시마
(5×5cm) 5장)
후춧가루 약간
참치 통조림 1통(150g)
두부 1모(300g)
양파 1/2개
대파 1/3대

양념장 재료
고춧가루 2
고추장 1
다진 마늘 1
까나리액젓 1.5
청주 1

대체 식재료
참치 통조림 ▶ 스팸, 소시지,
닭 가슴살 통조림
초피액젓 ▶ 까나리액젓

RECIPE 71
캠핑 고추장찌개

3~4인분
요리 시간 30분

주재료
감자 1개(200g)
애호박 1/3개
양파(중간 것) 1/2개
햄 2줌(200g)
두부 2/3모(200g)
대파 1/3대
청양고추 1개
물 3컵
고추참치 통조림 1통
신 김치(송송 썬 것) 1컵(100g)
소금 약간

양념장 재료
고추장 1
간장 2
김치 국물 4
고춧가루 1

대체 식재료
고추참치 ▶ 야채참치, 일반 참치

RECIPE 72
콩나물 황태 해장국

6~7인분
요리 시간 30분

주재료
멸치 다시마 육수 12컵
(물 15컵+국물 멸치 4줌
(60g)+다시마(5×5cm 10장)
황태채 50g
콩나물 300g
송송 썬 대파 1/2대분

양념 재료
다진 마늘 0.5
새우젓 3
후춧가루 적당량

곁들임 양념장 재료
다진 청양고추 2
다진 마늘 0.5
고춧가루 2
맛술 1
국간장 1

추가 재료
김가루 적당량

대체 식재료
국간장 ▶ 참치진국

RECIPE 73
해물 순두부찌개

2인분
요리 시간 30분

주재료
순두부 1봉
해물 믹스 1컵(200g)
달걀 1개
물 1컵

양념장 재료
송송 썬 대파 4
고춧가루 2
다진 마늘 1
새우젓 1
간장 1
맛술 3

대체 식재료
새우젓 ▶ 초피액젓, 까나리액젓
해물 믹스 ▶ 해감 바지락,
조갯살, 새우살, 홍합살

CHAPTER 03
일품요리

RECIPE 74
감자 양송이 수프

4인분
요리 시간 30분

재료
양송이버섯 4줌(200g)
감자 3개(350g 정도)
양파 1개(200g)
버터 2
물 1컵
우유 4컵+1컵
소금 0.5
통후추 적당량

대체 식재료
양송이버섯 ▶ 애느타리버섯

RECIPE 75
국물떡볶이

2~3인분
요리 시간 25분

주재료
멸치 다시마 육수 2컵+1/2컵
(물 5컵, 국물 멸치 2줌(30g),
다시마(5×5cm) 5장)
떡볶이떡 2컵(250g)
사각어묵 2장
양배추 잎 3장(150g)
양파(중간 것) 1/4개
대파 1/3대

양념장 재료
고추장 3
고춧가루 1
설탕 0.5
간장 1
올리고당 2
다진 마늘 0.5

대체 식재료
멸치 다시마 육수 2컵+1/2컵
▶ 물 2컵+1/2컵+참치한스푼
이나 액상 조미료 1

RECIPE 76
김치밥

2인분
요리 시간 20분

주재료
신 김치(송송 썬 것) 2컵(200g)
밥 2공기(400g)
참기름 2
날치알 2

양념장 재료
다진 홍고추 0.5
다진 풋고추 1
다진 파 2
간장 1.5
맛술 1
올리고당 0.5
참기름 2
통깨 0.5

대체 식재료
참기름 ▶ 들기름

RECIPE 77
김치 비빔국수

2인분
요리 시간 20분

주재료
소면 2인분(160g)
신 김치(송송 썬 것) 2컵(200g)
양파 1/4개(50g)
쪽파 2대

양념장 재료
고춧가루 2
설탕 0.5
간장 3
맛술 2
올리고당 3
식초 2
참기름 1
통깨 0.5

대체 식재료
쪽파 ▶ 대파

RECIPE 78
깍두기볶음밥

2인분
요리 시간 20분

주재료
깍두기 300g(2컵 정도)
베이컨 4장
달걀 2개
밥 1공기+1/2공기

양념 재료
깍두기 국물 7
굴소스 1
맛술 2
올리고당 1
참기름 1
검은깨 약간

대체 식재료
깍두기 ▶ 배추김치
베이컨 ▶ 햄, 소시지, 돼지고기

RECIPE 79
단무지무침 꼬마김밥

2인분
요리 시간 30분

주재료
크래미 맛살(김밥용) 2줄
밥 2공기(400g)
김밥용 김 5장

단무지무침 재료
단무지 5줌(250g)
다진 청양고추 0.5(생략 가능)
다진 대파 2
고춧가루 1
올리고당 0.5
참기름 1
통깨 1

밥 양념 재료
참기름 1
통깨 0.5
소금 0.3

대체 식재료
크래미 맛살 ▶ 햄

RECIPE 80
달걀 베이컨 토스트

1인분
요리 시간 20분

재료
식빵 2장
식용유 약간
달걀 1개
베이컨 2~3장(생략 가능)
체다 슬라이스 치즈 2장
딸기잼 2
토마토케첩 적당량
허니 머스터드 적당량(생략 가능)

대체 식재료
베이컨 ▶ 슬라이스 햄
딸기잼 ▶ 블루베리잼, 포도잼 등의 과일잼

RECIPE 81
달걀 새우젓죽

1~2인분
요리 시간 25분

주재료
밥 1공기
애호박 1/4개(90g)
쪽파 3대(생략 가능)
물 3컵

양념 재료
참기름 2
새우젓 1
후춧가루 약간

고명 재료
달걀노른자 2개분
김가루 적당량
깨소금 약간

대체 식재료
애호박 ▶ 파프리카

RECIPE 82
닭갈비

2~3인분
요리 시간 30분

주재료
닭 다리살 5장
양배추 잎 3조각(150g)
양파 1/2개
단호박 200g
대파 1/2대
떡볶이떡 1줌
깻잎 10장

닭 양념장 재료
고춧가루 2
카레가루 0.5
다진 마늘 1
고추장 2
간장 1
맛술 2
청주 2
올리고당 2

추가 양념 재료
참기름 1, 통깨 0.5

대체 식재료
떡볶이떡 ▶ 떡국떡
단호박 ▶ 고구마

RECIPE 83
닭볶음탕

3~4인분
요리 시간 40분

주재료
닭 1마리(800g~1kg)
감자 2개(200g)
당근 1/2개(100g)
양파 1/4개
대파 1대
청양고추 1개
홍고추 1/2개(생략 가능)
물 4컵

양념장 재료
설탕 2
다진 마늘 1.5
다진 생강 0.3
간장 8
참치진국 1
고춧가루 4
올리고당 1

대체 식재료
당근 ▶ 양파, 양배추
참치진국 ▶ 굴소스

RECIPE 84
닭불고기

2인분
요리 시간 20분

주재료
닭 다리살(껍질 벗긴 것) 5~6장(350g)
통깨 0.3

닭 밑간 재료
소금·후춧가루 약간씩
청주 2

양념장 재료
고춧가루 1
다진 마늘 1
고추장 1
간장 2
맛술 2
올리고당 2
다진 생강 약간
참기름 1

대체 식재료
다진 생강 ▶ 생강가루

RECIPE 85
대파 달걀볶음밥

1~2인분
요리 시간 20분

주재료
밥 1공기
대파 1대
달걀 2개
식용유 2+1
간장 1
통깨 약간
후춧가루 약간

달걀 양념 재료
맛술 0.5
소금 약간

대체 식재료
대파 ▶ 마늘종

RECIPE 86
데리야키 소스 닭고기덮밥

인분
요리 시간 30분

주재료
닭 다리살(껍질 벗긴 것) 4조각
(300g)
대파 1대

데리야키 소스 재료
마늘 5쪽
생강 1톨
설탕 1
간장 3
물 1/3컵
맛술 3
청주 3
올리고당 2

닭 밑간 재료
소금·후춧가루 약간씩
청주 1

대체 식재료
대파 ▶ 베이비채소

RECIPE 87
돼지고기 두부덮밥

2인분
요리 시간 25분

주재료
다진 돼지고기 1컵(100g)
두부 1모(300g)
양파 1/4개
대파 1/3대
청양고추 1개
홍고추 1/3개
식용유 1
물 1컵

돼지고기 양념장 재료
고춧가루 1
설탕 0.5
고추장 1
간장 3
다진 마늘 1
맛술 3
참기름 0.5
후춧가루 약간

녹말물 재료
녹말 0.5
물 2

대체 식재료
돼지고기 ▶ 쇠고기, 오징어

RECIPE 88
돼지 함박스테이크

5인분
요리 시간 40분

주재료
양파 1/2개(100g)
대파 2대
다진 돼지고기 500g
달걀 2개
식용유 적당량
발사믹 크림 적당량

양념장 재료
설탕 1
다진 마늘 2
간장 2
맛술 2
빵가루 1컵
소금 약간(0.2 정도)
후춧가루 0.3
생강즙 약간

버섯 소스 재료
애느타리버섯 1줌(50g)
버터 0.5
돈가스 소스 5
토마토케첩 5
물 1/2컵
올리고당 2
후춧가루 약간

대체 식재료
애느타리버섯 ▶ 양송이버섯, 양파
생강즙 ▶ 생강가루

RECIPE 89
라이스페이퍼 만두

16개
요리 시간 40분

주재료
크래미 맛살(작은 것) 6줄
사각어묵 1장
표고버섯 2개
양파 1/4개
풋고추 1개
라이스페이퍼 16장
식용유 적당량

양념 재료
다진 마늘 0.5
굴소스 1
후춧가루 약간

대체 식재료
표고버섯 ▶ 애느타리버섯,
양송이버섯
굴소스 ▶ 참치진국

RECIPE 90
마약김밥

2인분
요리 시간 30분

주재료
따끈한 밥 2공기(400g)
김밥용 김 4장
단무지(김밥용) 4줄
당근 1/2개
시금치 100g
식용유 0.5
소금·참기름·통깨 적당량씩

소스 재료
연겨자 0.3
올리고당 1
간장 1
식초 0.5
허니 머스터드 소스 0.5
물 1

시금치 양념 재료
다진 마늘 0.3
참기름 0.3
소금 약간
통깨 약간

밥 양념 재료
참기름 1
통깨 0.5
소금 약간(0.2 정도)

대체 식재료
시금치 ▶ 부추

RECIPE 91
명란파스타

1인분
요리 시간 20분

주재료
스파게티 1인분(80g)
굵은소금 0.5
명란젓 2덩이
마늘 4쪽
청양고추 1개
조미김 1장

양념 재료
올리브오일 3+1
맛술 2
스파게티 삶은 물 1/3컵
통후추 약간

대체 식재료
맛술 ▶ 화이트 와인

RECIPE 92
버섯 달걀덮밥

2인분
요리 시간 25분

주재료
밥 1공기+1/2공기
애느타리버섯 150g
새송이버섯(큰 것) 1개(100g)
청양고추 2개
대파 1/3대
식용유 1
달걀 2개

양념장 재료
식용유 1
다진 마늘 1
간장 3
맛술 2
올리고당 1
참기름 1
통깨 1
후춧가루 약간

대체 식재료
새송이버섯 ▶ 팽이버섯

RECIPE 93
버섯볶음덮밥

2인분
요리 시간 25분

주재료
밥 1공기+1/2공기
애느타리버섯 200g
새송이버섯(큰 것) 1개
양파 1/4개
식용유 2
통깨 0.5
베이비채소 4줌

양념장 재료
고춧가루 1
다진 마늘 0.5
간장 2
참치진국 2
맛술 1
물엿 1
참기름 1

대체 식재료
참치진국 ▶ 굴소스
새송이버섯 ▶ 팽이버섯

RECIPE 94
베이컨 양배추덮밥

2인분
요리 시간 20분

주재료
밥 2공기
베이컨 5장
양배추 잎 4장(200g)
양파 1/2개
대파 1/3대
청양고추 1개

양념 소스 재료
고춧가루 1
다진 마늘 1
굴소스 1
간장 2
맛술 2
올리고당 2

추가 양념 재료
참기름 1
통깨 0.5
후춧가루 약간

대체 식재료
베이컨 ▶ 햄, 소시지,
참치 통조림
굴소스 ▶ 참치진국

RECIPE 95
볶음잡채

2~3인분
요리 시간 20분
(당면 불리는 시간 30분)

주재료
당면 200g
빨강 파프리카(작은 것) 1개
노랑 파프리카(작은 것) 1개
피망 1개
양파 1/4개
식용유 2
통깨 1

양념장 재료
다진 마늘 1
설탕 1
간장 5
굴소스 2
올리고당 2
후춧가루 0.3
참기름 3

대체 식재료
파프리카 ▶ 당근, 부추, 시금치 등의 채소
굴소스 ▶ 참치진국

RECIPE 96
안동찜닭

3~4인분
요리 시간 50분

주재료
닭 1마리(800g)
당면 100g
감자 1개(200g)
당근 1/3개(생략 가능)
양파 1/2개
대파 1/2대
청양고추 2개
홍고추 1개
물 4컵

닭 데치는 물 재료
물 7컵
청주 2

양념장 재료
물 4컵
간장 12
참치진국 1
맛술 2
흑설탕 2
다진 마늘 2
올리고당 4
후춧가루 약간

대체 식재료
홍고추 ▶ 마른 고추
참치진국 ▶ 굴소스
흑설탕 ▶ 설탕

RECIPE 97
연어 무쌈말이

4인분
요리 시간 30분

주재료
달걀 2개
소금 약간
식용유 약간
당근 1/4개
게맛살 3줄
양파 1/2개
무순 1팩
훈제연어 슬라이스 10장(생략 가능)
시판 쌈무 1팩

겨자 소스 재료
연겨자 0.5
설탕 0.5
식초 2
올리고당 1
간장 1

대체 식재료
당근 ▶ 빨강 파프리카
달걀지단 ▶ 노랑 파프리카

RECIPE 98
오므라이스

2인분
요리 시간 30분

주재료
당근 1/7개(30g)
대파 1/4대
베이컨 3장
따끈한 밥 1공기+1/2공기 (300g)
달걀 2개
발사믹 크림(생략 가능)
파슬리가루 약간

소스 재료
애느타리버섯 100g
버터 0.5
다진 양파 3
토마토케첩 4
돈가스 소스 4
올리고당 2
물 1/2컵
후춧가루 약간

볶음밥 양념 재료
식용유 1
토마토케첩 2
간장 1

대체 식재료
베이컨 ▶ 햄
피망 ▶ 파프리카

RECIPE 99
잔치국수

2~3인분
요리 시간 30분

주재료
소면 2인분(160g)
신 김치(송송 썬 것) 1컵(100g)
쪽파 2대
김가루 적당량
고춧가루 적당량

멸치 다시마 육수 재료
물 10컵
국물 멸치 40마리
다시마(5×5cm) 2장
초피액젓 1
소금 적당량

고추볶음 재료
청양고추 10개
풋고추 10개
들기름 3
초피액젓 2
간장 1
맛술 1
올리고당 1

대체 식재료
쪽파 ▶ 미나리
초피액젓 ▶ 까나리액젓

RECIPE 100
참치 마요덮밥

2인분
요리 시간 10분

주재료
밥 2공기
참치 통조림 1개(150g)
양파 1/2
상추 6장
조미김 1장
송송 썬 대파 약간

양념 재료
마요네즈 4
생와사비 0.5
설탕 1
식초 1
통깨 1
소금·후춧가루 적당량씩

대체 식재료
참치 통조림 ▶ 스팸, 닭 가슴살 통조림, 먹다 남은 프라이드 치킨
대파 ▶ 쪽파

RECIPE 101
칼국수

2인분
요리 시간 30분

주재료
멸치 다시마 육수 7컵
(물 10컵+국물 멸치 3줌 (50g)+다시마(5×5cm) 10장)
칼국수 2인분(300g)
송송 썬 쪽파 2대분
달걀 1개

양념 재료
다진 마늘 0.5
참치진국 1
소금·후춧가루 적당량씩

곁들이 재료
김가루·고춧가루·들깨가루 적당량씩

대체 식재료
칼국수 ▶ 생면
쪽파 ▶ 대파
참치진국 ▶ 국간장

RECIPE 102
크래미 맛살 유부초밥

2인분
요리 시간 20분

주재료
밥 수북하게 1공기(250g)
유부초밥 1봉(2인분짜리 14개)

크래미 샐러드 재료
크래미 맛살(작은 것) 5줄(90g)
다진 양파 3
다진 오이피클 2
날치알 2(생략 가능)
마요네즈 3
허니 머스터드 0.5
레몬즙 0.5(생략 가능)
후춧가루 약간

RECIPE 103
크림소스 파스타

2인분
요리 시간 20분

주재료
베이컨 3장
양송이버섯 5개
양파 1/4개
청양고추 1개
대파 1/6대
스파게티 120g
올리브오일 1
다진 마늘 1

스파게티 삶는 물 재료
물 10컵
굵은소금 1

소스 재료
우유 1컵+1/4컵
생크림 1컵+1/4컵
파르메산 치즈가루 2
소금·통후추 적당량씩

대체 식재료
베이컨 ▶ 햄이나 소시지
양송이버섯 ▶ 애느타리버섯이나 새송이버섯

RECIPE 104
토마토소스 국물 파스타

2인분
요리 시간 25분

주재료
해물 믹스 200g
양파 1/4개
베이컨 3장
청양고추 1개
스파게티 160g
물 2컵
통후추 약간
파르메산 치즈가루 적당량

스파게티 삶는 물 재료
물 10컵
굵은소금 1

양념 재료
고춧가루 1
다진 마늘 1
올리브오일 2
토마토소스 2컵
올리고당 1
청주 1

대체 식재료
베이컨 ▶ 햄, 소시지
해물 믹스 ▶ 새우살, 홍합살, 오징어살

RECIPE 105
토마토 치킨 카레

6인분
요리 시간 50분

주재료
닭봉 20여 개(800g)
식용유 약간
양파 1개
토마토(잘 익은 것) 2개 (400g)
물 4컵

닭 밑간 재료
소금·후춧가루 약간씩

카레 소스 재료
카레가루 8
토마토소스 1컵
간장 2
설탕 1
올리고당 1

양념 재료
버터 1
다진 마늘 1

대체 식재료
닭봉 ▶ 닭 다리, 볶음용 닭
토마토 ▶ 방울토마토

Special Page Ⅱ

마이 베스트 레시피

**한눈에 보는
요리 동영상 QR코드**

CHAPTER 01 반찬

RECIPE 01 가지 양념구이 p018

RECIPE 02 감자볶음 p020

RECIPE 03 감자 옥수수 샐러드 p022

RECIPE 04 감자조림 p024

RECIPE 05 강된장 p026

RECIPE 06 고등어조림 p028

RECIPE 07 고추 참치쌈장과 양배추찜 p030

RECIPE 08 골뱅이무침 p032

RECIPE 09 김무침 p034

RECIPE 10 깍두기 p036

RECIPE 11 깻잎찜 p038

RECIPE 12	RECIPE 13	RECIPE 14	RECIPE 15
닭 가슴살 오이냉채	닭고기 통마늘조림	닭조림과 부추무침	대파 마요네즈 달걀말이
p040	p042	p044	p046

RECIPE 16	RECIPE 17	RECIPE 18	RECIPE 19
도토리묵무침	돼지고기 저수분 수육	돼지고기 장조림	두부 동그랑땡
p048	p050	p052	p054

RECIPE 20	RECIPE 21	RECIPE 22	RECIPE 23
두부조림	뚝배기 달걀찜	마늘종무침	맛살 양파냉채
p056	p058	p060	p062

RECIPE 24 미나리 버섯부침개	RECIPE 25 무생채	RECIPE 26 무 오이피클	RECIPE 27 배추무침
p64	p066	p068	p070

RECIPE 28 배추볶음	RECIPE 29 부추 부침개	RECIPE 30 브로콜리볶음	RECIPE 31 브로콜리 아몬드 샐러드
p072	p074	p076	p078

RECIPE 32 상추 겉절이	RECIPE 33 새송이버섯 양념구이	RECIPE 34 새송이버섯초무침	RECIPE 35 생선구이
p080	p082	p084	p086

RECIPE 36	RECIPE 37	RECIPE 38	RECIPE 39
셀러리 장아찌	쇠고기 불고기	숙주 베이컨볶음	시금치무침

p088	p090	p092	p094
RECIPE 40	RECIPE 41	RECIPE 42	RECIPE 43
시금치 새우볶음	애호박 새우젓볶음	약고추장	어묵 버섯잡채

p096	p098	p100	p102
RECIPE 44	RECIPE 45	RECIPE 46	RECIPE 47
어묵조림	연근전	오이고추 된장무침	오이무침

 p104	p106	 p108	 p110

RECIPE 48 오이볶음	RECIPE 49 오이 부추김치	RECIPE 50 오징어볶음	RECIPE 51 오징어채볶음
p112	p114	p116	p118
RECIPE 52 오징어채전 	RECIPE 53 일식집 무조림	RECIPE 54 잔멸치 견과류볶음	RECIPE 55 제육볶음
p120	p122	p124	p126
RECIPE 56 콩나물무침 두 가지	RECIPE 57 팽이버섯전 	RECIPE 58 푸딩 달걀찜 	RECIPE 59 풋고추 어묵전 
p128	p132	p134	p136

RECIPE 60		RECIPE 61	RECIPE 62
황태채볶음	CHAPTER 02 국물 요리	김치찌개	단호박 된장찌개
p138		p142	 p144

RECIPE 63	RECIPE 64	RECIPE 65	RECIPE 66
달걀국	두부 애호박찌개	문성실표 미역국	문성실표 어묵탕
 p146	 p148	 p150	 p152

RECIPE 67	RECIPE 68	RECIPE 69	RECIPE 70
쇠고기 매운탕	쇠고기 뭇국	오징어 섞어찌개	참치 두부찌개
 p154	 p156	 p158	 p160

RECIPE 71 캠핑 고추장찌개	RECIPE 72 콩나물 황태 해장국	RECIPE 73 해물 순두부찌개	CHAPTER 03 일품 요리
p162	p164	p166	

RECIPE 74 감자 양송이 수프	RECIPE 75 국물떡볶이	RECIPE 76 김치밥	RECIPE 77 김치 비빔국수
p170	p172	p174	p176

RECIPE 78 깍두기볶음밥	RECIPE 79 단무지무침 꼬마김밥	RECIPE 80 달걀 베이컨 토스트	RECIPE 81 달걀 새우젓죽
p178	p180	p182	p184

RECIPE 82 닭갈비	RECIPE 83 닭볶음탕	RECIPE 84 닭불고기	RECIPE 85 대파 달걀볶음밥
p186	p188	p190	p192
RECIPE 86 데리야키 소스 닭고기덮밥	RECIPE 87 돼지고기 두부덮밥	RECIPE 88 돼지 함박스테이크	RECIPE 89 라이스페이퍼 만두
p194	p196	p198	p200
RECIPE 90 마약김밥	RECIPE 91 명란파스타	RECIPE 92 버섯 달걀덮밥	RECIPE 93 버섯볶음덮밥
p202	p204	p206	p208

RECIPE 94	RECIPE 95	RECIPE 96	RECIPE 97
베이컨 양배추덮밥	볶음잡채	안동찜닭	연어 무쌈말이
p210	p212	p214	p216

RECIPE 98	RECIPE 99	RECIPE 100	RECIPE 101
오므라이스	잔치국수	참치 마요덮밥	칼국수
p218	p220	p222	p224

RECIPE 102	RECIPE 103	RECIPE 104	RECIPE 105
크래미 맛살 유부초밥	크림소스 파스타	토마토소스 국물 파스타	토마토 치킨 카레
p226	p228	p230	p232

문성실의
마이 베스트 레시피

초판 1쇄 2016년 12월 2일
초판 3쇄 2020년 1월 2일

지은이 문성실

발행인 겸 편집인 유철상
기획·책임편집 조경자
사진 김영주
교정 홍주연
일러스트레이션·디자인 랄랄라디자인
마케팅 조종삼, 최민아, 윤소담

펴낸 곳 상상출판
주소 서울시 동대문구 정릉천로 58, 103동 206호(용두동, 롯데캐슬 피렌체)
구입 내용 문의 전화 02-963-9891 팩스 02-963-9892
이메일 cs@esangsang.co.kr
등록 2009년 9월 22일(제305-2010-02호)
찍은 곳 다라니

● 가격은 뒤표지에 있습니다.

ISBN 979-11-87795-00-1(13590)
ⓒ 2016 문성실

● 이 책은 상상출판이 저작권자와 계약에 따라 발행한 것이므로
  본사의 서면 허락 없이는 어떠한 형태나 수단으로 이용하지 못합니다.
● 잘못된 책은 바꿔드립니다.
● 이 도서의 국립중앙도서관 출판예정도서목록(CIP)은 서지정보유통지원시스템
  홈페이지(http://seoji.nl.go.kr)와 국가자료공동목록시스템
  (http://www.nl.go.kr/kolisnet)에서 이용하실 수 있습니다.
  (CIP제어번호: CIP2016027389)

www.esangsang.co.kr

상상출판의
이야기가 있는
만찬

김치가 이렇게 쉬웠어? 퇴근 후 후다닥 이제 빵을 먹어야겠습니다

시골 엄마밥
배명자 지음

자연을 담은 엄마 요리,
먹으면 힘이 나는 울 엄마밥

시골 엄마 김치
배명자 지음

제철 재료와 손맛으로 버무린
엄마 김치 108

밥 한그릇
정훈 지음

밥 나와라~ 뚝딱!
한국인이 좋아하는
세상 모든 밥 요리 141

집에 가서 밥 먹자
이미경 지음

집밥을 먹어요, 꿀밥!
따끈따끈 집밥 레시피 221

마미핸즈의 베이킹 레시피
마미핸즈 김지연 지음

한국인의 입맛에 딱 맞는
순수한 우리밀 발효빵과
자연 과자

Premium Recipe Book Series

두부 한 모, 원 버너 One Burner 매일 보는 요리책 우리 아이 잘 먹게 해주세요 오븐으로 밥 해 먹어요
콩나물 한 봉지,
달걀 한 팩

Vol. 1
두콩달
이미경 지음

착한 식재료 두부와 콩나물,
달걀로 차린
140가지의 건강 요리

Vol. 2
캠핑요리
이미경 지음

집 밖에서 작은 코펠과
미니 버너 하나로
집밥보다 맛있는 밥 해먹기

Vol. 3
새댁요리
조소영 지음

요리를 막 시작하는 새댁과
싱글들이 매일 펼쳐보게 될
초보 요리 바이블

Vol. 4
아이요리
이미경 지음

아이를 춤추게 할
우리 엄마의 홈메이드 요리

Vol. 5
오븐 요리
이미경 지음

재주 많은 오븐이 부린 마술!
한국인을 위한
오븐 요리 172